# 中世の罪と罰

網野善彦　石井　進
笠松宏至　勝俣鎭夫



講談社学術文庫

# 目次

中世の罪と罰

# 中世の罪と罰

# 1

「お前の母さん……」

笠松宏至

何がもとの喧嘩だったのか、まだ舌もろくに廻らぬ頃の姪が、その三つ違いの兄に向ってこういった。「ばか、かば、ちんどんや、お前の母さんでべそ」。今は二児の母となった姪の顔をみると、「お前の母さん」でもあり、彼女自身の「私の母さん」でもある姉と二人で笑いころげた二十なん年か昔をよく思い出す。

他人の肉体的欠陥をいい立てるほとんど凡ての言語表現が、社会的な「禁句」となった現今でも、子供の世界ではなお慣用の悪罵が生きつづけていることは勿論である。大人たちの間でも、新しく社会的タブーとして固定した若干の禁句を別にすれば、どんなに公然たる悪口悪罵も、よほどのことがない限り、刑法上の名誉毀損罪や侮辱罪に問われることはあるまい。もしも「悪口」に一般的な法規制が加えられでもしたら、ことは言論の自由どころではすまず、日常生活上の〝パニック〟でもおこしかねないだろう。

## 式目に載った悪口

ところが、たった五十一ヵ条の法典中にこの「悪口罪」を明文化したのが、鎌倉幕府の法律、御成敗式目である。この法典の名は、小学校の教科書にも載せられて、二十一世紀にもなろうかという今も大変有名であるが、その昔も立法当初からひどく有名だった。普通の幕府法なら立法後わずか数年後に、その実在の真偽論争が法廷内で争われることさえあったなかで、〝誰にでも知られている〟という点で、この法典は全中世法中での〝かわり者〟であった。

だからある規範、たとえば「悪口の罪」が「式目に載せられた」ことの意味はきわめて重く、立法者が夢にも思わなかった場の中で人を威嚇し、自由や財産を奪う根拠となり得たのであった。「闘殺の基、悪口より起る」と書き出す式目第十二条が額面通り行われれば、「軽い悪口」でも拘禁、「重い悪口」は流罪、法廷内での悪口は当該訴訟「有理」のときの敗訴、「無理」のときの没収刑などが待ちうけていた。

　ではこのような「悪口」に対する法的規制が中世の法社会では、ごく当り前のことであったのかといえば、そんなことは全くない。たとえば、御成敗式目の刑事法関係条文を当時の公家法の法書『法曹至要抄』のそれと対比してみると、条文の配列を含めて両者にはきわめて濃密な連関が認められ、規範の内容を別とすれば、殺人以下十二の項目中、実に「悪口」だけがたった一つの例外の、式目独自項目であったことが指摘されている（佐藤進一「御成敗式目の原形について」、『国史大系月報』15）。つまり式目以前には「悪口罪」の伝統はなかったのである。また式目以後においても、戦国時代末の「長宗我部氏掟書」や南北朝期の「西大寺規式」などを除いては、公家・武家・本所いずれの法系の中にも、「悪口」それ自体をテーマとする成文法はきわめて稀である。要すれば、わが国中世の法世界で、それを刑事罰の対象とした式目第十二条は、どこにでもあるていのものでないことはたしかであった。とすれば、北条泰時ら式目の立法者たちが何故に五十一の篇目の中に「悪口」を撰択したのか、このことが「式目論」のかなり興味ぶかい一素材となることは当然だが、今この場でそれを試みるつもりはない。以下は、式目が「悪口罪」を法文にしてくれたが故に、中世文書の中にからくも「文字」として書きのこされた中世人のある種の「悪口」についてのメモにすぎないが、その前に「悪口」を法的に有罪とした式目の制定者およびその後継者たちが、この法を具体的にどのように適用したのか、その点について簡単にふれておこう。

## 悪口罪の判決例

前述のように式目第十二条が、その後半で法廷内（立法者は対決の場での口頭の「悪口」のみを念頭にしたとおぼしいが、実際には訴陳状記載の文字によるそれも同一視された）での「悪口」人に対する敗訴を規定したため、当事者は相手の「言詞」や「陳詞」のことばじりをとらえて、ひんぱんに「悪口」罪の適用を主張した。しかもこの申し立ては、たとえば相手側提出証文を「謀書」と申し立てる場合などとはちがって、一般には反坐の危険性がなく、いわばいい得であったことがそれに拍車をかけた。したがって幕府の裁判機関は概ねこの申し立てを却下するのが常で、現実に有罪が宣告されるケースは稀だった。

　幕府が法的な判断を下した「悪口」の実例は、はやく石井良助氏によって蒐集されており（『中世武家不動産訴訟法の研究』三六九頁）、私もそのことにふれたことがある（『中世政治社会思想』上、四三二頁）ので、詳細はさけるが、有罪と認定されたものの殆ど凡てが、

「乞食非人」、「恩顧の仁」、「若党」、「甲乙人」などの社会身分上の蔑称であり、稀には「自身、本鳥《もとどり》を断つ」、「服薬して訴申す」など中世的現実感にみちた誹謗も含まれていた。

もとより千差万別の「悪口」の一々について、有罪無罪を判定する基準や判例をもち合わせているはずもなく、幕府裁判の一般的なあり方からみても、同じ「悪口」がいつも有罪であったり、常に免罪であることもあり得ないだろう。ただいく分かの必然性をもって、法廷内でくり返されるある種の「悪口」論争については、若干の判例が慣習法的効力をもっていたと思われる。たとえば、所領の相続をめぐって兄弟や継母との間にくり返される相論で、相手を被相続人の「子息に非ず」と称することが、それまでの有罪から無罪にかえられた正応三年（一二九〇）の追加法（『中世法制史料集』第一巻、追加六一六条）や、亡父の中陰仏事から僧を追い出した継母を「逆罪」と罵った嫡子を「悪口」相当と認めた「傍例」（同上、参考七七・七九条）の存在などがそのことを示している。

こうした式目以後における幕府裁判機関の対処の仕方に、式目第十二条に対する一種の〝困惑〟を感じ、そこに中世においても〝法になじまぬ悪口〟をよみとることが出来るかもしれない。そうした関連で一つ注目したいのは、正安二年（一三〇〇）、鎮西探題が下した判断である（「山田文書」）。すなわち「悪口の科」と称して過料二貫五百文を責め取った地頭に対し、雑人の悪口、一旦禁遏を加ふといへども、科怠に処し難し（原漢文、以下同様）として、過料の返付を地頭に命ずる。「雑人」とは、普通には幕府裁判所の当事者能力をもたない百姓以下をさすよび名である。たとえば「拏攫《だかく》（つかみ合い）せしむるといへども、その疵《きず》なきにおいては、罪科に処すべから」ざる「土民の法」（追加二八八条）と、「殴人の科、はなはだ軽るからず」とする武士の法（式目第十三条）との間のような齟齬が、「土民」を対象とする地頭の刑事裁判権行使の中に集中的に出現し、武士の法によって「土民」を支配しようとする地頭、「撫民」をスローガンとしてこれを禁じようとする幕府、「悪口」もまたこのパターンに含まれていたことが知られよう。

## 母開

建長元年（一二四九）七月、幕府が下した判決（「前田家所蔵文書」）の中の「悪口」も、形態上は右のパターンの一例にすぎない。この相論は駿河国宇都谷郷今宿の傀儡《くぐつ》が、同郷領主久遠寿量院の雑掌を相手どっておこしたもので、傀儡という当事者の特異性によって知られる史料である。網野善彦氏の解説を借用すると、「この傀儡たちは、みな尼僧の姿をした女性たちで、その集団の中心になっている栄耀尼という女性は、宇都谷郷に預所代として下ってくる人のうち三代までの人を聟にとっている。つまり荘官はみな傀儡の女性を妻にすることになっており、かなりの勢威をこの辺に持っていた」（「日本中世の平民と職人」下、『思想』六七二）。

さてこの裁判は、いくつかの争点をもっていたが、その一つ「過料の事」はつぎのような内容であった。

傀儡の訴訟　栄耀尼に縁ある男が尼のもとに来住していたところ、さしたる罪もないのに、寺家から過料を課された。

雑掌の陳弁　その男は尼の妹聟に向って、「母開に及びて放言」し、調査の結果その事実を否定しなかったので、過料二貫文を課した。

幕府の判決　たいした重科でもないのに、過料を責め取った雑掌の所行は行き過ぎであり、今後こうした行為を禁止する。

在地の警察権行使者が「悪口」を口実に雑人から過料をとり立て、幕府がこれを禁止するという形態は、前述のそれと全く同じであるが、問題は「母開に及びて放言せしむ」という、聞きなれない「悪口」の内容であった。

この翌々年、建長三年（一二五一）十月、駿河を遠くはなれた西国安芸、厳島神社の楽頭佐伯道清が社家に二ヵ条のことを訴えた申状が「厳島野坂文書」の中にのこされている。その一ヵ条は、平家時代から相伝した楽頭職の職権内容を、舞師たる左近将監久成に侵害されたことを不服とするものであったが、そればかりでなく久成は、自分に対し「時々尅々に悪口を吐き、母開に懸りて放言」するのは、全く許すことが出来ない。今は年老いた自分はともかく、もし若い息子が久成の放言を憤るあまり、「返答」(後述)でもすれば闘乱の基になりかねない、久成の悪口は厳重に取り締って欲しい、とこう訴えるのである。

この二つの文書は、竹内理三編『鎌倉遺文』では、同じ第十巻に収載されているが、時をおかずほとんど同じ表現の「悪口」を読んだとき、私の脳裡にまずうかんだのは、はじめに書いた姪のあの幼な顔だった。七世紀も昔、駿河と安芸の大人たちが「ばか、かば……」とやっていたのか、そう思うとひどくおかしかった。

「開」の字に、女性のセックスを意味する「つび」の訓があることは、『色葉字類抄』など平安以来の古辞書にみえ、江戸時代では「カイ」の音のまま、その意味に用いられていたことも、ものの本に載っている。「臍《へそ》」と「開」のちがいこそあれ、相手の母親の肉体的〝欠陥〟もしくは〝奇型〟をいい立てることに変わりはない。「臍」は「開」のモデラートされた表現とおぼしく、その原形は恐らく「母開」に近い表現だったろう、そう思った。

しかし落着いて考えてみると、このような理解だけでは何かすっきりしない。母親がその息子にとって、もっとも傷つけられたくない対象であることは、中世の男たちもかわりないとしても、いやかりにそれが現代の我々よりさらに深く傷つく「悪口」であったとしても、それだけで「過料」の対象となったり、家族までまき込んだ「狼藉」の原因となり得たであろうか。「母開に及びて」「母開に懸りて」、もっと具体的に〝及んだり懸ったり〟して言ったこと、その内容を知りたい、無理はわかっていてもそう思った。

**おやまき**

先年その完成を待つかのように物故された池内義資氏の編になる『中世法制史料集別巻・御成敗式目註釈書集要』所収、「池辺本御成敗式目注」の「悪口ノ咎事」条に、つぎのくだりがあるのを見出したのは、それからしばらく後のことだった。

> 法家ニハ、悪口ノ咎ヲハ不孝ノ罪過トナゾラヘテ、重罪ニイマシムル也、……ナニトテ悪口ヲ不孝罪科ト云ゾナレハ、先ツ人ヲクダシテ、ヲヤマキト云ヘハ、人又我ヲオヤマキト云フ、ヲヤ殺シト云ヘハ、又我ヲオヤ殺ト云時ハ、人ノ父母ヲノルトシテ、我父母ヲノル理也

たとえば「おやまき」「おやごろし」と罵《の》れば、相手も同じことばを返す（「厳島野坂文書」のいう「返答」は恐らくこのことを指す）だろう、だから「悪口」は結局はわが親を罵る不孝の罪だ。こんな清原流の〝法理論〟はどうでもよいが、「親殺し」と連称される「おやま

き」とは一体何のことだろうか。『日本国語大辞典』などの恩恵によって、『古今著聞集』巻十六、興言利口の篇にこの言葉の二つの例があることを知った。

その一つは、高倉茂通が「昔よりの知音」である栄性法眼宅の門をくぐりながら、「「栄性法眼め、おやまけ〳〵」と、大声にていひて、縁を上《あがり》ければ、栄性とりもあへず、簾の中より、「茂通めも、おやまけ〳〵」とぞいひける。さて其後寄合て、雑談・酒宴などしけるとかや。知音もかゝる事やは侍べき。人の利口にてありけるやらん」（『日本古典文学大系』八十四、四五〇頁）。偶然にしてはあまりに「御成敗式目注」の記事に符合しすぎる話であるが、「知音」と「おやまけ」そしてその後の「雑談・酒宴」、これらのコントラストがこの話を「人の利口」にする。つまり「本鳥をはなちて、小袖・白衣にて門を入」れるほどの「知音」であってこそ、「おやまけ」の応酬のあとの「雑談・酒宴」があり得たことを示している。

いま一つは、道辺に築地のくずれをなおす「築地つき」たちが、鎌倉のはじめに「天下の大導師」として聞えた聖覚法印の噂をする。ちょうどその時、聖覚の乗る輿がさしかかり、「ともなる力者法師きゝとがめて、「おやまきの聖覚や。はゝまきの聖覚や」など、ねめつゝ見かへり〳〵にらみけり。築地つきをのるにてはあれども、当座には主をのるとぞ聞えける。「かゝる不祥こそありしか」と、彼法印、人にかたりてわらひけり」（同上、四二七頁）。何故供の力者が、「おやまき」「はゝまき」の下に「聖覚」の二字をつけたのか、私にはよくわからない（古典文学大系や角川文庫本などの注釈書が、この話のキー・ポイントであるこの点に一言もふれていないのは、素人の私には不審でならない）。恐らく「ショウカク」なる音をもつ語が「おやまき」「ははまき」に付属した通用の罵言であり、それと主人の名聖覚との語呂合わせであったと考えられる。それはともかく、己が主人の陰口を聞きのがすことのできなかった忠実な力者は、「当座には主をのるとぞ聞えける」ことなど一切念頭になく、「築地つきをのる」ための最大限の悪罵として「おやまき」「ははまき」を用いたことに疑いはない。兄をのらんとして、己が母をのってしまった私の姪に、これほど古い先達がいたことには全く驚かされた。

ところで鎌倉初期のきついこの罵言を『日本国語大辞典』は「語義未詳。母親と通ずることの意か。人をののしっていう語」と説明している。「御成敗式目注」が「おやごろし」と並べるところからみても、この語もまた「おや（はは）をま（婚・枕）く」の連用形とみるべきであるとすれば、母子相姦とする同辞典の解釈は恐らく妥当であろう。

## 己が母犯せる罪

「おやまき」「ははまき」のことを知った私は、前にのべた「母開」についての不審が、なんとなく解けるような気がした。「母開」は単なる〝部分〟の名称ではなく、これも母子相姦という〝行為〟のよび名ではなかったろうか（「母開」の二史料も、『古今著聞集』の成立も同じ建長の年号をもっていることは妙な偶然であるが、投げた櫛をひろえば、「骨肉も皆他人に変ず」という伝承に拠って、娘にいい寄って果さず、自殺した鎌倉住人の話を載せるのも、同じ建長二年（一二五〇）六月廿四日条の『吾妻鏡』である）。

わが国古代のいわゆる「くにつつみ」の一つに、「己が母犯せる罪」、「己が子犯せる罪」のあったことはよく知られている。そしてそれは「母と子と犯せる罪」、「けもの犯せる罪」とともに「単なる姦通罪とは本質的に異るものであって、むしろ、原始社会の氏族相姦に系譜を有する性的タブーの違犯であり、神の怒を喚起する重大な穢《けがれ》であった」ことが指摘されている（石尾芳久『日本古代法の研究』一六頁）。史料の欠如から、いきおい理論的な研究対象とされてきた「天津罪」「国津罪」について発言する能力はとてもないが、「母開」「おやまき」が、かつては氏族や部族全体に穢れをもたらす厭うべき「つみ」の名であり、軽々しく口にすることのできなかったタブーの系譜をひくものと考えてよいのではないだろうか。

仁井田陞《のぼる》氏は「旧中国人の言語表現に見る倫理的性格」（『中国法制史研究　法と慣習・法と道徳』五五〇頁）の中で「魯迅はその随筆のなかで、中国で生活するものは誰でも、いつも「他媽的」（お前の母親のあそこ、お前の母親を何々する）とか、それに類する人倫にかかわり、性に関する罵詈のきまった言葉を聞かねばならぬという意味の書きだしで、この「他媽的」を論じている。そしてこの言葉は、他国では類例が乏しいのに反して、中国ではいたるところでしかもしきりにつかわれている。牡丹が中国の「国花」なら、この罵詈は中国の「国罵」である」と魯迅の「他媽的」論を紹介され、さらに「次に人を罵る言葉を例に採ろう。中国では人を罵倒するによく「ツアオ・ニーデマ」ということを街頭でも家庭でも耳にする。「お前はお前の母を姦する」という意味である。この極めて人倫に反した行為の主体を罵倒する相手に認めているに反し、トルコでは「俺はお前の母を姦しているぞ」と云い、行為の主体を自分に置く」という小林高四郎氏の興味ぶかい所論をも紹介されている（同上、五六一頁）。「他媽的」についての魯迅・小林両氏のいずれの解釈が正しいのか、私にはもとよりわからないが、もし小林説であればそれは「おやまき」そのものである。

同じく仁井田氏が引用されるインド古代法典などの例をみると、「母開」「おやまき」が、少くもアジヤ全域にひろがる「母親の性に関わる」悪罵の一環をしめていることは、もはや疑のないところであろう。仁井田氏は別の文章で「平素礼儀ただしく、人前での作法を十分心得、卑猥のことを少しも口にしない」にもかかわらず「外面的な作法の堅くて厚い枠をはずすと、たちまち他媽的とか烏亀とかいうような飛んでもないことを平気で口に」する中国人と、「人前をはばからず平素野卑なことを言いかねない」かわりに「他媽的などと言わない」日本人とを対比されている（同上、五四五頁）。

しかしかつてわれわれの祖先もまた、彼のとっておきの「悪口」として、「おやまき」「母開」を口にしたことは事実であり、それがいつの間にか浄化されて、今「お前の母さん……」としてのみ生きのこったとすれば、彼我の相違はこの「悪口」をとりまいた環境の差、とくに近世社会の差がそれをもたらしたといえるかも知れない。

# 2　家を焼く

勝俣鎮夫

江戸時代、八百屋お七が火あぶりの刑に処せられた例からもわかるように、放火は重罪であった。

## 荘園領主の刑罰

中世においても、一般の人々にとって他人の家を焼払う「屋焼」は、殺人・盗みとならぶ重罪と意識されていた。戦国家法の一つである「結城氏新法度」には、「放火犯を捕えた場合、すぐに斬殺してはならない。放火犯人は何回も磔《はりつけ》にかけるべきである」とさだめている。たしかに、他人の家を焼き、財産を消失させる放火行為は、現実の問題として今日でも重罪にあたることは常識的に理解される。しかし、私には、中世社会の人々にとって、この家を焼くという行為は、たんなる家財を焼滅するということをこえたいろいろの意味があり、そのことと屋焼が重罪であったこととが深く結びついているように思われるのである。

夜討には必ず放火がともなうし、強盗が犯行後、その家を焼く例もしばしばみられる。さらに討死を覚悟した武将が自邸に火をつけ自刃する行為、将軍に反抗して本国へ帰る大名が、自分の屋形に火をかける「自焼没落」という形態も一般的にみられる。このように中世においては、放火・自焼をとわず家を焼くいろいろの形が広範囲にみられる。私はこれらの家を焼く行為の根底に、現代の家を焼く行為とは異った、中世の人々の家とその住人との間の特殊な社会的関係・観念がよこたわっているのではないかと思うのである。本論では「罪と罰」というテーマにそくし、その形態の一つとして存在した、刑罰としての「家を焼く」

形態をみてみることにする。

荘園領主が支配下の荘園の領民に科す「刑罰」として、最もポピュラーなものは、犯人の荘内よりの追放と、犯人の住宅の検封・破却・焼却とを組み合わせたものであった。荘園制の成立から消滅まで、戦国時代になって次第に追放が死刑にかえられるケースも多くなるが、一貫してこの二つの処分が基本的なものであった。

ここでは、ほとんど犯罪の種類は区別されていない。夜討・殺害・刃傷・強窃二盗・博奕・苅田などの重罪から、打擲・過言・虚言などの比較的軽罪と思われるものまで、この二つの処分がなされるのを常とした。荘園領主権力に対する直接的犯罪のケースは、いくらか異った刑が科された形跡もあるが、原則的には同じ処置がなされたのである。「もし盗犯・殺害の輩があっても、追放が例であって、あえて禁獄することはない」（『高野山文書』）とあるように、たとえ犯人を逮捕しても、検非違使・侍所への引渡をのぞいて、追放するだけで、荘内で断断・禁獄することは極めて例外的であった。一般の荘園において、犯人を拘禁する牢が存在した形跡もみられないのである。

国家権力より不入の特権を認められ、羽下徳彦氏が明らかにされたような（「中世本所法における検断の一考察」、『中世の法と国家』）独自の刑事裁判権をもつ荘園領主が、たとえ殺害犯人であっても、被害者側の復讐は別にして、この二つの刑よりほかの刑罰を行わなかったことは、極めて奇異な感じがするといえる。しかも追放刑といっても、あくまで荘園内からの追放であって、荘園はその成立の由来に応じて、一ヵ所にまとまって広大な面積をしめていたものばかりではなかったことを考えあわせると、刑としての実効性を疑わせる側面があったといえる。事実、犯人は犯罪が露見するとそくざに逃亡してしまうのが一般的であり、領主側は、犯人の住宅を検封・破却・焼却（以下住宅検断という）して一件落着となるのである。そこで、領主として特に犯人を追及しようとする姿勢の欠如が大きな特徴となっているのである。そこで、このような荘園領主の領主としての領民の犯罪に対する姿勢が、何に帰因するかが問題となるが、これは、その姿勢より、犯人の処刑の能力がないということより、その意志が最初からなかったことにもとめられるのではないかと思われるのである。すなわち、このような荘園領主の姿勢は、領内の「犯罪」に対する彼らの観念と密接に結びついたもので、さきにみた追放・住宅検断という処置がその具体的表現形態であることが想定されるのである。

## 住宅検断

さて、荘民の身分を家と結びつけて考察された仲村研氏は、荘民の諸役負担忌避にみられる荘園領主の追放・住宅破却に注目され、「その内容は中世所領における居住権の否定、財産所有権の否定以外のなにものでもない」とされ、このような処分をうけた荘民は、荘民身分を失い、浪人に転落せざるをえず、現実には死という悲惨な可能性を前提とするとされている（「住宅破却について」、『同志社大学人文科学研究所紀要』八）。たしかに、荘園領主のこの「刑罰」は、この仲村氏の意義づけで十分納得しうるし、結果としては、氏のいうとおりの苛酷な処置であったことはいうまでもない。しかし、もう一歩ふみこんで、なぜこの処分が、犯人の住宅を破却したり、焼却する形態をとるのかという領主側の目的を考えるならば、なおそこに問題がのこるといえよう。すなわち「家」という財産はいまもむかしも非常に貴重なものであり、領主としてそれを没収し、それを財として保存・利用することが、領主側に利益をもたらすはずと考えられるからである。

そこで、まず最初、犯罪人の住宅検断の三つのありかたである検封・破却・焼却の相互関係をみてみることにする。この住人の立入を禁止することを目的とした検封、壊（コボツ）と表現される破却、焼却は、ともに古くから併存しており、いずれが古い形態とはさだめがたい。しかし「破却すべきであるが、公事屋であるので検封ですます」（『政基公旅引付』）などとあるように、破却すべきなのに、現実問題として破却しにくい場合、検封処置がとられていること、また検封処置は、一時的な手続であることから、検封処置は、破却形態の妥協的・簡易的形態ということができる。同じく、盗人の一類の成敗として、全員の住宅を焼捨てたのに、その一類の一人が管理していた寺庵だけは、放火してはならないとして、別の寺院へ破却して寄進した例（『看聞日記』）、さらに破却した家屋をその後焼却する事例（「廿一口方引付」）が数多くみられることより、破却より焼却がより本来的処分形態であったといえる。たしかに、「壊ち取る」という表現にみられるように、その家屋の財物としての価値の帰属が、現実の問題としては大きな問題となっているのは周知の如くである。しかし、それが家屋そのままではなく、家屋の形を一旦解体せねばならなかったところにその処置の本質があるのであり、それは「焼却すべきもの」の代用的形態であったのである。

さて、つぎに喧嘩という最も一般的な事件をとおして、荘園領主の住宅検断のありかたをみてみよう。

奈良の紺屋と春日社の神人の喧嘩の経過は、神人が染色を注文しておいた布が、紺屋の火事で焼亡し、このような事情の場合は、紺屋は弁償する義務がないのに、神人がしつっこく弁償をせまり、怒った紺屋が神人を刃傷したというものであった。領主は早速加害者の紺屋の住宅を検断したのであるが、同時に被害者の傷をおった神人の住宅をも検断の対象としたのである（『大乗院寺社雑事記』）。この例にみられるように、奇妙なことに喧嘩の場合、加害者・被害者ともに「法にまかせ両人の住屋を検封する」（「廿一口方引付」）のが一般的であったのである。これは、一見して、領主の喧嘩両成敗的処置であるようにみえるが、必ずしもそれだけでは説明しえない事例が多くみられる。

奈良の塔本郷の某が辻子の住人の某を喧嘩で傷をおわせ、加害者は例によって逐電してしまった。領主側は、加害者が他人の住屋を一時的に借りて住んでいたその住宅を「寄宿分」という理由で検封し、一方被害者は、若宮神主の下部のところに入聟となっていたので、同じく「寄宿分」として下部の住屋を検封しているのである（『大乗院寺社雑事記』）。

この場合、両人とも自分の住宅をもたないから、領主の検断は、当事者両人にはほとんど被害を与えていないのであり、家主の家が住宅検断の対象となったのである。にもかかわらず、領主の検断がこのようなワンパターンで行われるのは、検断が、もう一つの別の論理としての「寄宿分」を重要な要素として行われたことをしめしている。

## 犯罪穢

中世の咎には、「寄宿の咎」というものがあって、犯罪をおかしたものなどが居住する家の主人が、犯人とともにその責任をとわれて咎とされるのである。この咎は、一般的には、家の敷地内の主人の家成敗権を前提にした、主人の家内の人々に対する責任と関係するものと考えられているが、少くとも荘園領主の「寄宿の咎」としての住宅検断のありかたは、この考え方のみでは説明がつかないものが多いのである。

たとえば、東寺の境内に住む与三二郎なるものが、土一揆に参加して傷を負ったため一揆の張本とされ、自分の住宅とともに、彼がおそらく一揆参加のため一時的に宿とした家も、破却され焼かれた事例（「廿一口方引付」）などは、さきの解釈でも説明しうるが、「子の咎によって父の住宅検断を行うのではない。ただ悪行人が立ち入った在所は、親類・他人の区別なく住宅検断を行うのである。もとよりそれがたまたま父の住宅であったのは幸運であった」(『大乗院寺社雑事記』)とあるのは、主人の家内の者に対する責任で咎を蒙るとはいえないことを示している。そして、ここでは武家法の「子の咎は父にかからない」、「従者の咎は主人にかからない」という原則とまったく無関係に、従者・子の犯罪によって主人・親の家が「寄宿の咎」として住宅検断の対象となっているのである。主人の家に合宿していた下部が、守護被官に成敗され、荘園領主が主人の家を検断しようとしたとき、主人は、下部の問題であるから、また自分は侍であるからといって検断免除を領主に申し入れたが、領主側は「先例にまかせ死人家」として主人の家を検断した例(「鵤庄引付」)はその好例であるとともに、これまでみてきた荘園領主の「寄宿の咎」による住宅検断が死人などの穢(けがれ)の問題と関係して行われたことが予想されるのである。他領のものとの喧嘩で、傷を蒙った旅人が茶屋に倒れこんで死去したのに対し、そのところの領主はその茶屋を寄宿の咎で検断した例(『大乗院寺社雑事記』)は、この穢による住宅検断であることを明らかにしてくれる。

このように「寄宿の咎」による荘園領主の住宅検断が、穢の問題として行われたとするならば、さきにみた喧嘩における加害者のみならず被害者の家をも、また犯人の単に立ち入っただけの家をも住宅検断の対象とすることが理解できるのである。そして、この「寄宿の咎」は、殺害・刃傷などの犯罪だけでなく、盗みなどもろもろの犯罪に適用されるのであるから、ここから、領主の犯罪=穢という観念をひきだすことが可能であろう。さきにみたように、荘園領主が殺害のような重罪と、虚言のような軽罪をほとんど区別することなく、同じく犯人の家の住宅検断を行っていることは、この「犯罪＝穢」観念にもとづくものであり、住宅検断の本来的形態が、犯人の家を焼くことにあったことがそれを証明していると思われる。犯罪の根元である犯人の家を焼いてしまうことにより穢を領内より除去することがその目的であったのである。

このような「穢」の除去は、神に仕える人間、神殿などに対する犯罪行為の場合に典型的なかたちでみられる。神人が刃傷・殺害された場合、宝物が盗まれた場合などは、清祓が一般的に行われる。奈良の春日神社の場合、その清祓の費用は、「犯人の六親に懸け」、すなわち犯人の縁者に負担させるのが慣例となっているが、これと関係して、犯人の「縁舎にかけ」または犯人の「縁座を焼失せしめ」（『春日神社文書』）のような表現もみられるのである。ここからは、祓と住宅の焼却が同じ目的で行われていたことが確認されるであろう。

中世の荘園領主であった貴族の社会において、触穢の忌避の意識が、彼らの日常生活を律する大きな要素として存在していたことは、すでに横井清氏が明らかにしているところである（「中世の触穢思想」、『中世民衆の生活文化』）。犯罪＝穢であるという観念についていえば、御成敗式目第四条の「犯人の同類については、たとえ犯人の自白書にその名がのっていても、贓物（犯人の隠匿した盗品）を所持していなければ、犯人の一味とはなしえない」とある犯否の証拠物品としての贓物について、「贓ハ蔵也、盗人蔵所ノモノヲ贓物ト云ヘリ、又ハ贓ハ穢也、盗人ノ手ニフル、物ハ、ケガレモノト云心ニ贓物ト云ヘリ」(「池辺本御成敗式目注」)というかなり無理な注釈をしていることからもその一端がうかがえる。また社頭を喧嘩によって穢した当事者両人がその身柄を非人に引渡された例、破却した家を非人に与える例などが散見されるが、これらは、おそらく穢の観念と結びついた処置といえる。さらに、領主権力の側にたち、犯人の追捕、犯人の住宅検断を実際に行った人々が、しだいに穢れた人という意識で卑賤視されていくのも、おそらくこの観念と無関係ではないと思われる。

さて以上みてきたように、荘園領主が領内における領民のもろもろの犯罪をすべて穢の発生ととらえて、その除去を目的に犯人の家を焼く処置がとられたとするならば、犯人の住宅検断とペアになっている犯人の領内からの追放もまた同じ目的で行われたということができる。この犯罪観にもとづけば、犯人の追放こそが最もふさわしい処置であったのである。犯人の禁獄は、けがれた身体を荘内にとめおくことになるし、死刑は、新しい穢を荘内に発生させることになるからである。この犯人の処刑と穢との関係は、盗人を捕縛しようとした人々が盗人の抵抗にあって、盗人を殺したり刃傷したりして神社の社頭をけがした場合、罪になるかどうかが、当時大真面目で議論されていることからもよく知られるのである(『春日社記録』)。

戦国時代になって荘園領主のもとで死刑が行われる場合もふえてくるが、断斬の刑に際しては、領主から祓のための四目代《しめ》が下付されており、また武士の手で、下部が殺人罪で処刑された時には、僧侶たちは経を誦み鐘をうちならしているのである（『大乗院寺社雑事記』）。

## 禍の除去

以上みてきたように、日本中世の荘園領主は、その領内において発生した犯罪を穢の発生と把握し、領主の義務として、犯人の領内からの追放、犯人の住宅の焼却という手段で、領内の災気の除去、正常な状態への回復につとめたのであった。ここでは、犯人に対する「刑罰」の意識は極めて希薄であったといえる。

この犯罪観にもとづく回復の処置は、おそらく、古代における罪と穢と禍を同一視する観念、またスサノオノミコトの追放にみられる穢と禍の除去の手段からみて、古代にその淵源をもつ観念・処置であったといえる。この荘園世界では、律令国家の整然とした刑罰体系にもとづく刑罰のありかたは、ほとんどその影響がみられず、この観念は、律令国家の体制をくぐりぬけ、変化しつつもここに生きつづけていたのである。また、この世界では古代と同じく、人の犯した罪そのものより、人の犯した罪の災気が問題であったということができる。阿部謹也氏は、十三世紀のゲルマン諸世界では、「行為者（犯人）個人は何ら問題ではなく、個人の事情も顧慮されない。生じた結果だけが問題なのである。ひとつの秩序が乱されたことが問題なのであるから、その秩序をできるだけ早く元にもどさねばならない。これがアハターのいう「違法行為の結果」Unrechtsfolgeであって、これはまだ刑罰とはいえない」とのべられている（『刑吏の社会史』）。安易な比較はつつしまなければならないが、少くともこの荘園世界の「刑罰」について考えるとき大いに参考となるといえる。

さて、最後に「家を焼く」というテーマをかかげながら、災気を除去する手段として、犯人の家を焼くという行為の前提となる、犯人の家に穢がこもるという当時の人々の意識には何らふれることができなかった。おそらく、私はこの人と家の関係が、最初にのべた種々の家を焼く行為とつらなっており、さらに当時家がアジールとして存在したこととも結びつくものと推測するのであるが、今後の問題とせざるをえない。

追　記

本稿執筆後、荘園領主の「家を焼く」行為を穢の除去、祓の一種とした結論について、自分でもなお納得のいかないものを感じていた。ひとつは、本稿では「犯罪穢」を主題にしながら「血穢」、「死穢」などとこれを厳密に区別することなく「穢」一般として拡大してしまった点、もうひとつは、「自焼」などの家を焼く行為一般の説明が、この論点からは生みだせない点である。

最近、清田善樹氏は「中世の大和における住屋放火」（『奈良国立文化財研究所創立30周年記念論文集』）において、本稿の「穢」の拡大解釈、住宅焼却＝祓とした結論を批判され、住宅焼滅は、犯人の生活基盤である住宅を消滅させることを目的とした荘園領主の「刑罰」であることを強調された。確かに「家を焼く」＝祓と短絡させた本稿の欠陥をついたものであるが、私としてはこの祓的観念と無関係だとする「刑罰」説にも賛成しえない。現在私は、一方ではこの時代の人々にとって、「家人の居住しない家」は、あってはならない存在、不吉な存在、禍をもたらす存在と考えられ、このような「家」観念が基底にあって、家の消滅＝禍の除去が行われたと考えている。このような「家」観念を媒介とすると「自焼没落」、さらには地頭が逃散百姓の家を毀《こぼ》つ「逃毀」、また逃散百姓が自分の家をこわして逃亡する「逃毀」なども一括して説明しうると考えられるが、その検証は今後の問題とせざるをえない。

**学術文庫版追記**

右記のとおり本稿執筆後、清田氏をはじめ、多くの方々の批判をいただくとともに、私自身も自説に納得がいかない感じを持ちつづけた。私は退職後ひまにまかせて、この「住宅検断」を全面的に再検討をした。その結果、この住宅検断は、犯人の処罰を目的として行われる財産刑ではなく、犯罪人などの住む「家」(日本社会の古層に存在しつづけた家観念による家) のそれ自体の処分を目的として、全国的に行われた社会習俗であり、領主なども、この習俗を検断権にとり入れたものであることを明らかにした。この家は、現在の家と異なって、最初に独立した家を建て、一家を構えた家の先祖の魂 (タマ) がカマドなどの火に宿ると考えられた家が本当の家であり、この魂は家人に「ご先祖様」と称されて、家の守護神として信仰されていた。家を焼いたのはその家から犯罪者が出て穢れてしまった「ご先祖」を追放し、穢れた家をなくしてしまってその拡散を防ぐことを目的に焼き払ったのである (勝俣鎮夫「中世の家と住宅検断」、『中世社会の基層をさぐる』山川出版社、二〇一一年。柳田國男『先祖の話』筑摩書房、一九四六年、のち『柳田國男全集』第一三巻、筑摩書房 (ちくま文庫)、一九九〇年)。

# 3 「ミヽヲキリ、ハナヲソグ」

勝俣鎮夫

## 阿氏河庄百姓言上状《あてがわのしょう》

十六世紀後半来日した宣教師アレシャンドゥロ・ヴァリニャーノは、戦国時代のわが国の刑罰について「日本人のもとには、牢獄がなく、追放、死刑、及び土地、財産の没収以外の処罰方法がない。ただし都のある場所では、盗賊その他の悪人が磔刑に処せられる」（『日本巡察記』）と記している。たしかに、日本中世において死刑・追放刑・所領没収刑が代表的な刑罰として存在したことはまちがいなく、ヴァリニャーノの記述は、日本中世の刑罰のありかたの特徴を正確に把握しているといえる。しかし牢獄も皆無ではなく、禁獄刑もまったく行われなかったわけではなく、その他、流刑・身体刑などもその存在が知られる。

ところで、古代律令国家の基本的刑罰であった、いわゆる「笞・杖・徒・流・死」のうち、懲役刑である徒、身体刑である笞刑・杖刑は、中世では一般的刑罰として行われた形跡がなく、むしろ身体刑のうちの劓《はなきり》刑、指斬り刑などの肉刑が、さしたる財産のない一般庶民以下に対する刑罰として多く存在したことが予想される。この意味で、これら中世の肉刑は、中世の刑罰を代表するものとはいえないが、わが国の刑罰の歴史の流れをみる上では重要な位置をしめるものであると思われる。

さて、中世における「耳鼻そぎ」という肉刑の史料として、もっとも人口に膾炙しているのは、つぎに掲げる建治元年（一二七五）十月二十八日付「紀伊国寂楽寺領阿氏河庄上村百姓等言上状」の第四条（図版参照）であろう。

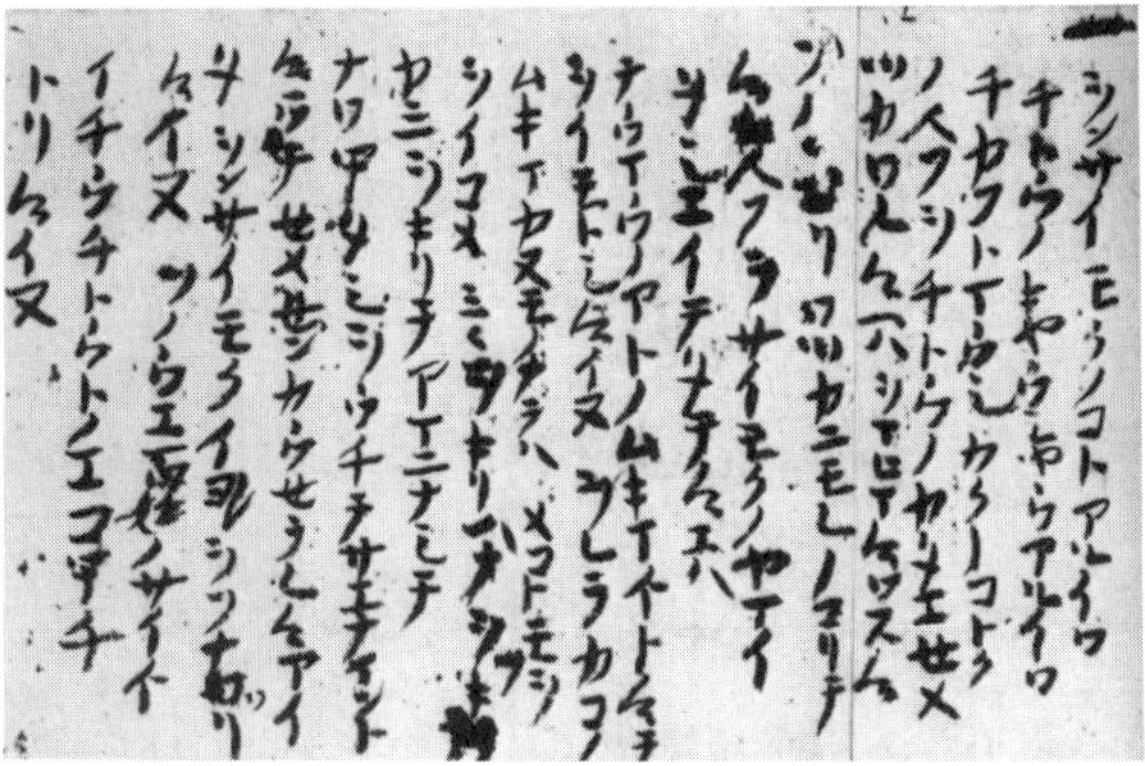

「阿氐河庄上村百姓等言上状」（高野山金剛峯寺蔵）

一、ヲンサイモク《（材木）》ノコト。アルイワチトウノキヤウシヤウ《（京上）》、アルイワチカ《（近）》フトマウシ、カクノコトクノ人フ《（夫）》ヲ、チトウノカタエせメツカワレ候ヘハ、ヲ《（テ）》マヒマ《（暇）》候ワス候。ソノ、コリ、ワツカニモレノコリテ候人フヲ、サイモクノヤマイタシ《（山出）》エ、イテタテ候エハ、テウマウ《（逃亡）》ノアトノムキ《（麦）》マケト候テ、ヲイモトシ《（戻）》候イヌ。ヲレラカコノムキマカヌモノナラハ、メコトモ《（妻小児）》ヲヌイコメ、ミ、ヲキリ、ハナヲソキ、カミヲキリテ、アマニナシテ、ナワ《（縄）》・ホタシ《（絆）》ヲウチテ、サエナマ《（嘖）》ント候ウテ、せメ《（責）》せンカウせラレ候アイタ、ヲンサイモクイヨ〱ヲソナワリ候イヌ。ソノウエ百姓ノサイケイチウ《（在家一宇）》、チトウトノエ《（へ）》コこの史料は、鎌倉時代の地頭の百姓に対する非法行為を知るうえで最適の史料として高校のほとんどの教科書にその原文がかかげられている。そして、この地頭湯浅氏の百姓に対する残酷なリンチを象徴するのが、百姓の妻子に対して行われたとされている「ミ、ヲキリ、ハナヲソキ、カミヲキリテ、アマニナシテ……」という行為で、その残虐な行為はそれゆえに強く印象づけられているのである。

ところで、この史料は、百姓のたどたどしいカタカナの文章でなまなましく書かれており、当事者の手で書かれた証言として貴重なものであるが、それだけに解釈がむずかしく、有名なわりにはこれまで正確な解釈がなされているとはいえないように思われる。もちろん私にも正しい解釈の自信はないが、「ミミハナソギ」刑の意味を考えるうえで重要視されるので、以下簡単に私なりの解釈をしてみたい。

この百姓訴状の提出先は、荘園領主であり、この第四条の嘆願の趣旨は、「御材木事」とあるように、荘園領主の荘民に対する課役のひとつである材木の納入が今年は不可能であるということを訴えたもので、その理由として地頭の人夫役などの過重負担、強制労働の実態を具体的に列挙しているのである。そしてこの文章の構成は、最初の部分で地頭の京上夫などの人夫役の過重負担があること、ついで、その過重負担にもかかわらず荘民が荘園領主の課役である材木の伐り出しに山へ入ったところ、地頭がこれらの荘民を追戻して、荘内の逃散百姓の耕作が放棄されたままの田畠に麦を蒔くことを命じたこと、そしてこの地頭の命令にしたがわない場合は、地頭が「メコトモヲヲイコメ……」と、荘民等を責めるので、荘民らは材木を伐りだすことができず、これを納入することができないでいるというものである。

## 逃散百姓の妻子

さて、ここで問題となるのは、地頭が何故直接に山から追戻し強制労働を命じた百姓の男子ではなく、妻・小児を苛責の対象としたか、ということであろう。なぜならば、従来の解釈では、この妻・小児は、山から連れ戻された荘内にいる一般百姓の妻子とされているからである。このような解釈では、その麦を蒔くことを命ぜられた百姓たちがその折檻の対象ではなく、その妻子が対象とされる理由が不可解とならざるをえないのである。しかし、ここで問題となっている、一般百姓もそれにしたがう義務がないと考え、また地頭も通常の手段では強制しえないと考えた強制労働の内容が、逃散百姓の耕作放棄した田畠における労働であることを前提とするならば、ここに折檻の対象となった妻子は、一般百姓の妻子ではなく、逃散百姓がおきざりにしていった妻子と考えるべきであろう。この点は、「ヲレラカコノムキマカヌモノナラハ……サエナマント」の部分を地頭の言葉をそのまま引用した直接話法の文章とすることにより一層明確になる。この「ヲレ」は「俺」ではなく「爾」で、下位者に対してまたは相手をののしる時にもちいる「おまえ・おのれ」という対称の「おれ」の用法であろう。すなわち、この部分は、一般百姓を強制労働にしたがわせるために威嚇した地頭の言葉であり「(地頭が)「おまえたちが逃散百姓の放棄した跡に麦を蒔かないならば(逃散百姓が残した)妻子をその罪科のゆえにとじこめて、その耳をきり、鼻をそいで、髪をきって、尼にし、縄や手かせ足かせで縛って折檻する」といって、自分たちを威嚇して、この夫役を強制するので(「センカウ」の語義は未詳)」の意味である。地頭はあくまで荘民の仲間意識をたてに百姓を威嚇したにすぎないのであり、その妻子の耳や鼻を実際にそいだのではないのである。

以上のように、この地頭の「耳鼻そぎ」の対象となった妻子を逃散百姓の妻子と限定すれば、地頭のこの威嚇の内容もこのような罪科における地頭の百姓に加えるリンチとしてある意味では一般的な何らかの根拠をもつものと理解しうるであろう。この場合、地頭は恣意的に百姓の妻子の耳鼻をそぐといっておどかしたのではなく、地頭側の立場にたてば、おそらく年貢も納入せず逃亡した百姓たちを犯罪人と把握し、その逃亡者の罪は、のこされた妻子がおわなければならないという中世社会の一般原則のもとに、地頭は、これら逃散百姓の妻子の生殺与奪の権利をにぎっているという意識のもとでこのような言葉を吐いたに相違ない。もちろん、この地頭が逃散百姓を犯罪人として処罰すること自体、幕府法上からは「非法」であることはいうまでもないが、この百姓言上状でも、これら逃散百姓の妻子に対する処罰そのものを直接糺弾の対象としているのではなく、村落共同体のメンバーの妻子を人質として処罰することを理由に自分たちに不法な労働を強制する地頭の行為を非難しているのである。このように考えるならば、ここにしるされた地頭の「ミ、ヲキリ、ハナヲソキ、カミヲキリテ、アマニナシテ」という行為は、領内の犯罪人に対する地頭のひとつの処罰形態と位置づけられ、この地頭の直接吐いたとされるこの言葉の背後には、この刑罰が国家的刑罰とは異った次元での在地領主の領民に対する刑罰の一形態としてひろい裾野をもっていたことが想定されるのである。そこで、以下このような刑罰の歴史的背景、その罰としての歴史的性格を考えてみたい。

## 面《つら》に焼印をおす

さて、一般に耳鼻をそぐといった苛酷な肉刑は、世界諸民族において古い時代の刑罰として広くみられるものである。中国においても自由刑が成長してくるまでは死刑や肉刑が刑罰体系の基本をなしたといわれる。いわゆる儒教の教典にみられる五刑である。これは墨（黥・いれずみ）・劓（はなぎり）・刖（あしきり）・宮（去勢）の四種の肉刑にさまざまな形態の大辟（死刑）をあわせたものである。劓（劓）の文字は殷墟出土の甲骨文にもみえるとされるから、その起源は罰の最も古いところに位置するといえる。しかし、中国においては、漢の文帝の紀元前一六七年、これら肉刑は宮刑をのぞき廃止され、国家的刑罰の形態としては黥刑をのぞき原則的には復活されず、その後の刑罰体系の基本となった隋・唐の笞・杖・徒・流・死の五刑の成立をみたとされている（仁井田陞「中国における刑罰体系の変遷」、『中国法制史研究　刑法』）。わが国の古代律令国家がこの刑罰体系を継受し、この五刑を刑罰の基軸にしたことは周知のことであるが、わが国では、中国と異って武士によって樹立された鎌倉幕府の成立とともにこの国家的刑罰は全面的に崩壊した。武家の基本法典として大きな力をもった御成敗式目の刑罰が、その体制に応じて御家人を主たる対象とし、所領没収刑が中心となったのは当然であるが、そこに庶民に対する刑罰として肉刑が登場してくるのである。

式目第十五条の「謀書の罪科」がそれであって、この罪をおかしたものは、侍は所領没収、所領のないものは遠流、侍身分でない一般庶民たる凡下は「火印（焼印）をその面に捺さるべきものなり」と定められている。そして、以後鎌倉幕府の追加法には、この火印刑が「人売りの罪」（正応三年（一二九〇））、「窃盗をおかした初犯の凡下の罪」（乾元二年（一三〇三））、「人拘引《かどい》の罪」などにみられるから、この刑罰は凡下以下を対象とした刑として鎌倉幕府の刑罰の一形態として存続したといえる。ところで、式目が公家法の強い影響下に成立し、本条項も『法曹至要抄』の謀書の条にその条文配列が一致することが指摘されているが、内容的にはその影響をまったく受けておらず、独自の立法とされている（『中世政治社会思想』上）。それゆえ、この火印刑の由来を前代の法に求めることはできず、また式目立法者の創出の可能性も少いから、この刑罰は、武家社会のなんらかの先例、慣習として存在していた刑罰に基いて採用されたものと思われる。

さて、『平家物語』には、後白河法皇が一の谷の合戦で捕えられた平重衡と屋島の平氏が保持していた三種の神器の交換の交渉をしたさい、その使者となった御坪の召次（法皇に仕えて雑事を勤める者）の花方なる者の面《つら》に、平時忠が「浪方」という焼印をおした話をのせている。これも火印刑といえるであろう。時代は下るが、説経節で名高い『山椒大夫』には、山椒大夫のもとに売られた安寿・厨子王が逃亡をくわだてた罰として火印をおされる場面がなまなましくえがかれている。また『頬焼阿弥陀縁起』にも下人の万歳法師がその妄言癖のため主人に焼印をおされる罰をうけた話がのせられている。この下人に対する火印刑は、鹿児島東福寺にあてた文保三年（一三一九）の禁制にもみられ、下人に対する刑罰としても注目されるが、『庭訓往来』にもこの火印刑がわざわざあげられていることは、この刑が中世社会の庶民以下の者に対する刑罰として、それほど特殊な刑と考えられていなかったことを物語っている。この火印刑と同じく、顔を損壊する刑は、建久元年（一一九〇）、源頼朝が、皇女を詐称した女性に死刑を免じて「顔に疵をつけ追放する」刑に処した例（『吾妻鏡』）がみられる。また、嘉禄二年（一二二六）京中の博徒が六波羅の武士に捕えられ、鼻をけずり、指二本を切断する処罰をうけていることが知られる（『明月記』）。さらに室町幕府においても、重科をおかした夫は死刑、妻は鼻をそぐ刑に処すことを定めている（天文十八年（一五四九）奉行人意見状）。幕府の刑罰にも「鼻そぎ刑」が存在したのである。

## 髪を切る

ところで、御成敗式目第三十四条には火印刑のような肉刑ではないが、同じ性格をもつと思われる片方の鬢髪を剃り除く剃髪刑が登場する。これは当時町の入口にあたる辻で見知らぬ女性をとらえ自分のものとする「辻女捕」「女捕」などとよばれた風習を禁じた条文に現われる罪科で、これをおかした御家人は百箇日の間出仕をとどめ、「郎従以下に至っては、大将家御時の例に任せて、片方の鬢髪を剃り除くべきなり」と定められている。この法文からは、この片鬢剃刑が先例をもとに採用されたことが知られるが、以後、幕府法にはこの刑罰はみられない。

中国古代においては、頭を剃って一般の人々とその外見を異らしめる髡《こん》刑が、労役刑と併科されて盛んに行われ、肉刑廃止の際、この髡刑が肉刑にかえられたり、死刑が減刑されたた時もこの剃髪刑が多くもちいられたという。この剃髪刑は、耳鼻そぎ刑・火印刑・黥刑の如く肉体的苦痛をあたえるものではないが「外貌を変える」刑としては共通の性格をもつ。耳鼻そぎ刑が髡刑に、また耳鼻そぎ刑が黥刑に代置されうるものと考えられていたことからも知られるように、耳鼻そぎ刑などの肉刑もたんに受刑者に苦痛を与える目的だけでなく、その外貌を変えるところにひとつの狙いがあった。そして、これらの刑は一般的には犯罪の予防を目的として、犯罪者を一般の人々と区別することに主眼がおかれたとされている。たしかにこれらの刑が予防主義的見地から行われたことも事実であるが、私にはむしろこれらの刑の本質は、その軽重を別にするならば、受刑者本人の外貌を変えてしまう苦痛そのものにあったと思われる。すなわち、これらの刑は本来的には受刑者を一般の人々と異った不吉な容姿に変えてしまう刑、人間でありながら、姿形を人間でなくする、いわゆる「異形」にすることに大きな比重がかけられた刑であったと思われる。貞観八年（八六六）正月、祓除神宴の日に、諸衛府の舎人で放縦に及ぶ輩が、諸家諸人の許へ行き、酒食を強要し、被物を強奪することを禁じ、これらの罪を犯した者に髡鉗《こんかん》刑を科することを定めた太政官符がだされた。この刑はおそらく中国の刑を模倣したものと考えられるが、興味あることには、八年後、この刑が「理穏便ならず」として刑の執行者が執行しないため廃止され、もとの杖八十の刑に復しているのである。ここにこの時代の律令政府の刑の執行者の、この刑に対する観念がよくしめされているのであり、この髡刑の、異形にする不気味な刑としての本質が、よく示されているように思われる。

この髡刑がわが国の社会にどれだけ一般に行われたか不明であるが、同種の「髪きり刑」は女性に対する私的処罰方法としてひろく存在した。妻の密通の宥免処置としての髪きり（『晴富宿禰記』）、下女の悪口の処罰としての髪きり（『看聞日記』）など多くみられ、また下男と下女の夫婦喧嘩で、夫が妻の髪をきってしまい、下女の主家の山科家が下男の主家の甘露寺家へ、下男に対して「相当の成敗」をすることを申し入れた興味深い例もある（『言継卿記』）。このような女性に対する髪切りという形態の広汎なリンチの存在を前提にして、耳鼻そぎ刑のひとつのねらいを髪きりと同じく、その対象を異形にすることにあったとするならば、最初にみた地頭湯浅氏の逃散百姓の妻子に対する「ミ、ヲキリ、ハナヲソキ、カミヲキリテ、アマニナシテ」と併記されている処罰のありかたは、当時罰として存在した異形にする処罰方法として一括されるであろう。

## 耳鼻もぎ刑

さて、周知のように、江戸時代初期、黥刑、耳鼻そぎ刑、火印刑、断指刑、さらには剃髪刑までが庶民に対する一般的刑罰として、幕府・諸藩に採用された。幕藩制国家の刑罰体系におけるこれら肉刑の全面的採用の意味について論ずる能力は、現在の私にはまったくないが、以上みてきた中世社会のこれらの刑の断片的ありかたの延長上でこれを考える際、『梅津政景日記』にみられる刑罰のありかたはきわめて示唆的である。この日記には、梅津政景が秋田佐竹藩の院内銀山の奉行として実際に行った刑罰がしるされている慶長十八年・十九年（一六一三・一四）の「院内銀山籠者成敗人帳」が収録され、いまだ幕藩制的刑罰体系が定まらない段階の大名刑罰のありかたを明瞭なかたちで知ることができる。ここで現実に行われた刑罰は、鉱山という特殊な場であるためか、きわめて苛酷であるが、その特色は肉刑を基本形態としていることである。ここでは今日からみればきわめて軽罪であるものにも容赦なく「成敗」＝死刑が行われているが、その死刑においてもたんなる死刑だけでなく、牢破りに対して、「ミ、はなをもき山中間口までひかせ候てせいはい申候」などとあるように、重罪に対しては耳鼻そぎ刑などの肉刑を科した上で死刑に処する方法が一般的であった。また死刑より一段軽い刑として耳鼻そぎ刑がさかんに行われた。盗人の欠落と知らず通行証を与えたもの、またそれを仲介した者に対して、「其科ニ耳はなをかき、山中を引、山中を払申候」などとあるごとくである。さらに一段軽い罪には片鬢剃刑が科せられた。喧嘩で相手の悪口をいい打擲したものに対して「籠ゟ出シ、かたこひんすり《（片小鬢剃）》、しゆ《（朱）》をぬり山中を引まわし、其上山を払申候」、また欠落人に対し「両こびん・とのくほまですりまハし、中斗《（ばかり）》たてすり候所へしゆをぬり」、さらには剃ったあとに墨をぬる刑など種々の形態の片鬢剃刑が行われていた。このように、ここでは死刑・耳鼻そぎ刑・断指刑・片鬢剃刑、それとあわせた追放刑が刑罰の基本をなしていたのである。幕藩制の刑罰体系が法的にも制度的にもとのわない段階での現実に行われたこの刑罰のありかたは、鉱山という特殊な場における無産者にたいする刑罰であることを考慮にいれても、そこに先行する武家領主の庶民・被官などに対する刑罰のありかたが反映しているとみなさざるをえない。そして、私には、地頭湯浅氏の「耳鼻そぎ・髪切り」刑の威嚇は、歴史的にはこの武家領主の刑罰のありかたの先行系譜のなかに位置づけられると思われるのである。

## あざむきの罪

さて、以上簡単に、中世における耳鼻そぎ刑などの肉刑の歴史的流れをおってきたが、最後に、このような肉刑は、主としていかなる罪に対応するのか、その罪との対応関係より、その歴史的性格を考えてみることにしたい。

まず肉刑には死刑と併科して行われる形態の一群がある。さきにみた梅津政景の処罰によく示されているように、指・鼻・耳を斬った上で成敗する刑である。これらの肉刑は、たんに受刑者に苦痛を与える目的、見せしめのための目的だけではなく、その根底には受刑者の死骸を損壊し、「永遠の亡者」とする意図があった。この観念については、本書の「死骸敵対」の章でのべるのでここではふれない。

つぎの肉刑の一群は、中国の宮刑に典型化されてよく知られるような反映刑としての肉刑である。この反映刑は、罪を犯すときに使用した身体の一部を直接損壊する刑罰で、諸民族に一般的にみられる形態であるが、わが国の中世においても一貫してこの刑罰が行われた。『今昔物語』には、従者に命令して継子を殺そうとして露見した継母にたいして、夫は「口を割く刑」を用いようとしたが許して追放にした話がのせられている。これも一種の反映刑といえよう。この反映刑がとくに多く見られるのは、さきの『明月記』にみられた博奕者に対する断指刑、また同じく盗人に対する断指刑・断手刑である。鎌倉幕府の乾元二年（一三〇三）の追加法には、博奕人に対する刑罰として、凡下は二回までは断指刑、三回以上は流罪と定められている。盗人に対しては、平時忠が強盗十二人の右手を斬った例（『百錬抄』）、源頼朝が鶴岡八幡宮の金堂の壁板を盗んだ僕従の両手をその板面に釘でうちつけるリンチを加えた例（『吾妻鏡』）など、かなり一般的にみられる。また合戦で味方討をしてしまった御家人の右手を切る処分方法などもこの観念にもとづくものといえる。法においては、この種の刑罰は、「男ハ頸をきり、女ハゆひをきらるへきなり」（永正九年（一五一二）「撰銭令」）、「撰手《えらびて》においては指を切られ」（同上）のごとく、撰銭令にそむいて銭をえらんだ庶民に対しての刑罰として典型的なかたちで現われる。なおこの撰銭令で注目されるのは、男女の刑の明確な相違で、これら肉刑が死刑をしにくいと考えられていた女・子供、さらには殺すことが損失につながる下人に多くみられる理由となっている点であろう。

さて、本論で主として問題としてきた、耳鼻そぎ刑などの受刑者の外貌を変えることを目的とした肉刑は、以上の二つのありかたと異った性格をもつものとして一括される。この一群の刑罰は、結論的にいえば、私はひろい意味での「詐欺罪」（假事《かりごと》の罪）、「あざむきの罪」に対応して存在するという特徴をもつと考える。もちろん厳密にすべてがこの「あざむき罪」に対応するものとは把握しえないが、この刑を科する観念として、「天罰」を加える意識が流れ、それを顔面に刻印するという考え方が基調として存在し、この罰がとくにこの罪にふさわしいものと考えられていたように思われる。そして、やがてこれは犯罪をおかしたものに「しるし」をつける意味にかわっていったものと思われるのである。

すでにみてきたように御成敗式目の火印刑は「あざむきの罪」を代表する謀書の罪に科せられた。またこの火印刑は、幕府法では、「人売り」、「人かどい」、「窃盗」の罪、片鬢剃刑は、人かどいの一種である辻女捕の罪に科せられるものであった。実際に行われた例としては、逃亡下人に対する刑など下人に対する刑として多くみられるが、源頼朝がその面をきずつけたのも皇女を詐称した女性であった。またさきにみた平氏が波形の焼印を顔におしたのも、院側の申し出が虚偽と平氏側が判断した上での処置で、『源平盛衰記』では、この焼印のうえに使者の髻を切り鼻を鍛《うちたたい》て追放したことになっている。戦国期でも使僧がその交渉が虚偽と判断されてその耳をきられ追放された例（『織田信長譜』）がみられる。さらにキリシタン信者への焼印刑、他宗をののしった日蓮宗僧侶に対する耳鼻そぎ刑は、妖言の罪としてこの刑がもちいられたと推測することが可能である。このように「盗罪」をのぞけば、あざむきの罪と異形にする刑罰の対応関係は中世においてもかなり特徴的といえるが、この両者の関係は、江戸時代においてはさらに密接であったことが知られる。

これを『古事類苑』で盗罪をのぞいて概観してみると、入墨刑は、奉公人の請人にたち責任を負わない罪、盗品故売の罪、官名などの詐称の罪、偽の白状をした少年の罪などであり、耳鼻そぎ刑は、幕府では奉公人の請人にたち責任を負わない罪が圧倒的に多く、その他抜荷を手伝った者の罪などがあり、金沢藩では、官名詐称、虚偽の申出、さらに才川の縁日に草履取が「かぶきたる女の姿」で社参しこの刑を科された例など興味深いものもある。髪切り刑は、離縁状をとらず他家へ嫁した女性、子をはらんで嫁した女性などの罪に対して科されている。このような事例からいえば、これらの異形にする刑は、「あざむきの罪」に対応していることが一目瞭然であろう。

いずれにしても、中世において、みずから神に誓約したことを遵守せず、そのために下される「天罰」が、当時不治の病と考えられた「癩病」にかかることであると意識された起請文の罪科文言の存在は、この「あざむきの罪」と「異形にされる罰」との当時の関係をなによりも象徴的にしめしていると思われる。

# 4　死骸敵対

勝俣鎮夫

## らくだ

幽霊をあつかった落語は数多くあるが、上方落語「らくだ」は、死骸をテーマにした特異な落語としてよくしられている。この話は、河豚にあたって頓死したらくだの馬という長屋のきらわれものの葬いを、友人の無法者と通りがかりの屑屋がやる過程を筋としているのであるが、話の一つのヤマは、らくだの死骸に「かんかんのう」を踊らせ、けちな大家や近所のものから通夜の御馳走や葬いの諸道具をおどしとるところにある。子供のころ笑いながらも内心こわかったので印象にのこっているのであるが、このような死骸をつかって相手を威嚇する行為は、さらに古い時代、決して話としてだけ存在したのではなく、現実にかなり一般的に行われていたらしい。

鎌倉時代、宇治平等院の末寺禅定寺の寄人が山城国木幡の住人に殺害された。仲間の寄人たちが下手人の引渡などを要求したがうけいれられなかったため、彼らは被害者の死骸をかつぎ木幡の下手人の許に運ぼうとしたのである（『禅定寺文書』）。死骸を運びかんかんのうを踊らせる話の前提には、このような威嚇の慣行があったと推定されるが、ここでみられる被害者の死骸を下手人の許に運ぶ行為の背景には、私が落語を聞いて感じた死人一般に対する単なる感覚的恐怖とは異った、死骸そのもののもつ力が実在すると意識された世界が存在したことを予想させる。そこで以下、誠に気味の悪いこの「死骸」そのものに焦点をあて、その力、存在形態、それと関連する刑罰の形態などをみてみることにする。

## 死骸に敵対する

さて、主として鎌倉時代から南北朝時代の武士の譲状・置文などに「死骸敵対」といういささか奇妙な言葉が現われる。この言葉について中田薫氏は、譲状を書いた親の「めいをそむかんニおいてハ、しかいてきたいのさいくわたるべし」（「小鹿島古文書」）、また弟の違法行為を幕府に訴えたのに対し、弟がこの訴えが亡父の行為を訴えた結果となることを弁明し、逆に「死骸敵対せしめ、告言を致す、罪科に処せらるべし」（『吾妻鏡』）などと非難した用例をあげ、つぎのような解釈をされた。

> 父母の教令は、父母の死後まで子孫を拘束すること我古法である。故に父母の死後生前の教令又は遺命に違犯せる行為を敢てするものは、利害関係人の訴に依て「死骸敵対」の罪に処せらるゝものである。（『法制史論集』第三巻下）

たしかにこの言葉は中田氏の解釈に適する教令違犯・遺命違犯・祖父母や父母を孫または子が告発する告言の罪科などと同じ意味で使用される場合が一般的である。とくにこの時代、譲状・置文などに広く使用された、遺命に違犯した行為またはその罪科である「父子敵対」などに近い語として使用されていることからいえば、中田氏の解釈は十分納得のいくものといえる。しかし、このような同じ意味の語をなぜ「父子敵対」などではなく、「死骸敵対」と称するのかという点についていえば、なお十分満足できないものといえる。

そこでまず最初に、この死骸敵対・父子敵対などとある「何々敵対」という用法の敵対という語が、ある特定の意味内容をもつように思われるのでこれを検討することにする。当時、父子敵対のほか当然のことながら同じ性格の母子敵対、祖父・祖母敵対という語がみられる。そのほか従者が主人に敵対する主従敵対、庶子の惣領敵対、荘官などの本所敵対、代官の正員に対する正員敵対、さらには仏への寄進地に対する違乱行為を称した三宝敵対、明王に隷属して奉仕する人の不法行為に対してなげられた明王敵対なる語もみられる。これらの用法に共通するものとしてまずあげられる点は、敵対の対象とされるべきものが、敵対する人にとって、親にしろ主人にしろ、この時代、本来、絶対服従すべきもの、敵対行為を許されざるものとされていたものであることであろう。子が父から譲られた所領を祖父が管理していたため、祖父敵対となるのを恐れ、その取戻しを祖父の死後まで待った例(『鎌倉遺文』十二、八六三七号)に見られるごとく、その行為が正当な権利にもとづくものであれ、敵対行為となると考えられたならば絶対に認められないものであった。そして、この敵対行為は「母子敵対の輩は、沙汰出来の時所領を召され、重科を行わるの条定法なり」(同上、十七、一二七九〇号)とあるように理非を論ぜず処罰の対象とされるような性格のものであった。

つぎに「何々敵対」の咎の特徴は、一種の道徳的・宗教的性格の罪であることである。鎌倉幕府は、父母・祖父母敵対の代表的なものともいうべきその告発について「祖父母ならびに父母に敵対し、相論いたすの輩の事」という法を定め、「教令違犯の罪科これ重し」とし、その訴訟を受理しないこと、それでもなお訴えてきた場合は、訴えたものを重科に処するとしている（『中世法制史料集』第一巻、追加一四三条）。また同じく従者が主人を訴えてきた場合も、いっさいこれを受理しない立法を行っている（同上、二六五条）。ここから明瞭なように、鎌倉幕府は、これらの行為を、幕府が基盤とした社会の基本的規範に対する許されざる違犯行為と認識しながらも、本来的には法による処罰以前の親権・主人権などに属する問題であるという姿勢をしめしているのである。すなわち、仏神に対する敵対行為という形態にみられるように、この行為は、法によってその行為を限定されるような性格のものではなく、この時代の親と子、主人と従者のありかたを前提にして、そのあるべき規範を逸脱する行為と認識されたもの全体をさす言葉であったといえる。それゆえ敵対の罪科も、幕府などに訴えてその処分にゆだねるものと、直の成敗すなわち当事者の手で行うものとがみられるが、おそらく後者が本来的かつ一般的であったと思われる。そしてその罪科も一般的に重科とされているが、「定法」、「大法」にまかすとあるように、具体化されるような性格のものではなく、ケースバイケースで処理されたものと思われる。

## 死骸の恥をそそぐ

さて、このような「何々敵対」の用法のうえに死骸敵対という語をおいてみるならば、まずこの罪科が社会的罪として古いところにその源をもち、社会の基層部に深い根をもつものであること、さらに死骸が、子に対する親、従者に対する主人と同じく、ある特定の人々にその行為を強く規制する絶対的な関係にあるものとして存在したことがわかる。そこでつぎにこの時代の父子敵対と死骸敵対の関係をみることにする。「子共アマタありといえとも、皆父子敵対をなすの間、ことこと不孝しおわんぬ。若直高（勝）の子孫と号して、いささかこの跡煩申す輩出来の時は、不孝の子孫たるの上は、いよいよ死骸敵対・父子敵対たるべし、一言の是非に及ぶべからず、もし左様の時は、直に重科を申し行うべし」（『熊谷家文書』）とあるように死骸敵対は、父子敵対と重ねあわせて用いられる場合がしばしばみられる。これらの用法は、当時一般に使用された「父子敵対」だけでは十分に威嚇しえないと考えられたため、さらに「死骸敵対」の語を重ねたものと解せる。このように考えるならば、この「死骸敵対」という語は、親の遺命に違犯することと深くかかわってはいるが、むしろこの遺命の絶対的効力をささえる呪術的かつ根源的なものとして存在していたといえよう。すなわち、親と子というこの時代の教令違犯というような道徳的規範とは、ある意味で別系統の源として死骸の独自性があったと思われるのである。このことはこの時代の死骸の一般的用法からもうかがえる。例えば、源平合戦で捕虜となった平重衡に対し、源頼朝が「かつうは君の御憤を慰めんため、かつうは父の尸骸《しがい》の恥を雪がんため……」（『吾妻鏡』）とのべているが、ここで亡父の恥ではなく、亡父の死骸の恥をそそぐため合戦をいどんだといっている死骸は、死骸敵対の死骸であろう。また御家人が凡下と悪口をいわれ「先祖死骸の恥辱」であるとしたのも（『筑後鷹尾文書』）、同じ用例で、死骸自体に意味があったのである。さらに親の死骸だけではなく特定の死骸に同じ用法がみられる。法廷における弁論で、相手の主張を非難して、「先師法印違勅の由、死骸に対し讒訴《ざんそ》を致し」（『壬生家文書』）とあるのはその例で、相手はこの先師法印とは無関係な相論当事者であるから、ここでは、弟子が師の「死骸」に対する第三者の侮辱を許しがたいものとして非難しているといえる。また死骸敵対の用例においても、置文に定められた旨にそむいて所領を手に入れたとして、その所有者たる第三者を亡父の死骸敵対として罪に処すことを訴えた例（『東寺百合文書』む函）がみられるのである。この例からは明瞭に父子敵対と異った死骸そのものが問題となる死骸敵対が存在したことが読みとれるのである。

以上、この時代、死骸敵対なる言葉の存在に対応し、子孫などの関係者にとって、死骸そのものが尊崇の対象として存在し、その意志が彼らにとって絶対的な拘束力をもつものと意識されていることをみた。

死骸に罪をきく

昔ヨーロッパにおいては、棺桶裁判なるものがあった。これは死人もなおみずから殺人犯人を立証する力をもっているという民衆の呪術的信仰にもとづく証拠手続といわれている。被疑者は普通裸体で、またシャツだけを着て死体に近づき死体の傷に手をふれ、また傷口に接吻する。彼が真の犯人であれば死体は傷口から血を吹き出すというのである（ミッタイス・リーベリッヒ『ドイツ法制史概説』）。穂積陳重氏は、これを「触屍検断法」とよび、その具体例をつぎのように紹介している（『続法窓夜話』）。

ドイツの有名な叙事詩「ニーベルンゲンリート」では、ジークフリートの葬式の際謀殺者ハーゲンが遺体に近づいて無罪を証明することを求められ棺の前に進んだ時死骸から血が流れ出て、その犯行が露見したことがうたわれているが、現実にも、このような裁判手続が十七世紀まで行われていた。またシェイクスピアは、その「リチャード三世」劇で、グロスター公リチャードがその殺害したヘンリー六世の遺骸に近づいたとき死体から血が流れ出した場面をえがいているが、イギリスでも被告に被害者の死骸に触れさせ、出血した場合有罪の判決をくだす裁判手続の実例が存在した。

さて、この「棺桶裁判」、「触屍検断法」という裁判手続の存在は、当然のことながら、その前提に、死骸がその意志である霊力——この場合は自分を殺した犯人の指摘という限定されたものであるが——をもつ存在であるという呪術的信仰が存在したことは確実であろう。

そして、私には先にみた「死骸敵対」にみられる死骸の強力な意志とこの信仰とが深くかかわっているように思われるのである。そこでつぎに日本の場合をみてみよう。

日本の最古の仏教説話集である『日本霊異記』（日本古典文学大系）は、つぎのような話をのせている。

大伴 連 忍勝《おおとものむらじおしかつ》は、信濃の国小県《ちひさがた》の郡嬢《をむな》の里の人なり。大伴連等、心を同じくして、其の里の中に堂を作り、氏の寺とす。……宝亀五年甲寅の春三月、倏《たちまち》に人に讒《しこ》ぢられて、堂の檀越《たにをち》に打ち損《そこな》はれて死にき。檀越は即《すなは》ち忍勝の同じ 属《ともがら》なり。眷属議《はか》りて曰はく「人を殺す罪に断《ことわ》ら令《し》めむ」といふが故に、輙《たやす》く焼き失は不《ず》して、地を點《サ》シテ冢《ハヒヤ》を作り、殯《もがり》し収《をさ》めて置く。然して五日を歴《へ》て乃《すなは》ち甦《い》きて、……（以下略）

これは、大伴連忍勝なるものが、氏寺の物を私用した罪（互用罪）を犯したため殺されて地獄へ行ったが、大般若経書写の功徳によって現世にもどることを許されたところに説話としての本旨があるのである。しかしここで注目されるのは、忍勝が殺された際、その加害者が同族のものであり、忍勝が罪をおかしていたため、一族のものが相談して加害者を殺人罪に処するかどうかを忍勝の死骸に判断してもらうことにしたという点である。すなわち、加害者の処罰の当否を被害者にきくため、その死骸をすぐに火葬にふさず、塚を作って死骸のままにしておいたのであり、死骸のままであるならば当然その意志の表示がなされうると考えられていたのである。このことは、下手人の指摘と罪の有無との相違はあれ、棺桶裁判的慣行が日本にも存在したことを明瞭にしめしている。日本においても死骸は意志あるものと信じられていたのである。そして、この死骸の意志は尊重されるべきものという観念の存在はかなり後まで残っていた。つぎのエピソードは、間接的ながらこの観念の残存をしめしている。ある男が娘夫婦と同居していた。この男が聟の留守中自分の娘にいいよったが娘はいうことをきかなかった。そこで男は櫛を投げてこれを拾えば肉親も他人になるという当時の俗信により、櫛をなげ娘がこれを拾ったので、娘を犯そうとしたが、帰宅した聟に現場をみられ、恥じて自害してしまった。聟は父の命にしたがわなかったこの娘を不孝者として離別し、自分は舅の後世を弔うため出家した、という話が『吾妻鏡』にある。この聟の行動は、亡父の遺恨をなだめるためのものと思われるが、ここで興味深いのは、この男の自害を聞いた人々が競い集まり、その家をとりまいてその死骸を観たと記されていることである。このような状況における死骸のありかた、その意志（遺恨）の表示が人々の興味をひいたものと考えられ、それがまたこの聟の行動とも深くかかわっているのではないかと思われるのである。すなわち、死にかたの問題と死骸の意志は深く結びつき、その意志をかなえてやるのが当事者の義務と信じられていたのである。はるか時代を下って奥羽地方の戦国大名伊達氏の分国法「塵芥集」（『中世法制史料集』第三巻）には、「自害の事、題目を申をき死に候はば、遺言の敵、成敗を加ふべきなり」（第三十四条）という条文がある。これは遺言をのこして自殺した場合は、その死者にかわって伊達氏が、その遺恨をはらすため相手を処罰するというのであり、ここでは遺言と死骸の意志が分離しているとはいえ、なお「死骸の意志」を絶対とする観念が継承されていることが知られる。

以上不十分ながら、わが国においても古くは、死骸もまた意志をもつ存在であり、その意志は、とくに子孫などに絶対的拘束力をもつものと信じられてきたことをみてきた。このような観念が「死骸敵対」の語をうみだしたものといえる。そして、これがおそらく置文・譲状の子孫に対する効力をその根底においてささえていたものであったと考えられる。また不遇な死にもとづく死骸の遺恨をとりのぞく「亡父の死骸の恥をそそぐ」行為たる敵討が子孫・従者などに強く義務づけられたのも、この死骸の意志と深く関連していたといえるであろう。

## 死骸の霊力

ところで、死骸の意志がなぜこのような力をもつ存在であったかという問題は、死者の他界観、それにもとづく葬制などと密接な関係をもつと思われる。しかし私はこの分野についてまったくうといので、諸先学の研究成果をもとに、これまでの観点から、恣意的になるのは覚悟のうえで、私なりの見通しをつけておくことにしたい。

まず最初一つの手掛りとなるのは、『日本霊異記』の説話にみられた死骸の判断をあおぐため、すぐ火葬にしないで殯《もがり》しておいたという記述である。この殯は中国南部からメラネシア・ポリネシアなど広く分布する複葬の一形態とされ、和田萃氏により「殯とは、人の死後埋葬するまでの間、遺体を小屋内に安置したりさらには仮埋葬し、遺族や近親のものが小屋に籠って、諸儀礼を尽して奉仕するわが国古代において普遍的に行なわれた葬制である」(「殯の基礎的考察」、『史林』五二―五) と定義されている。これは、すでに『魏志倭人伝』にも、葬るまでの十余日間死体を棺にいれ、遺族たちは物忌し、他人がその家に行って歌舞飲酒する、という記述がみられるから、原始社会の一般的葬制であったといえるであろう。ところでこの殯の目的については、いろいろの説があるが、私はこの殯の期間を、死骸の意志の存在という観点から、折口信夫氏らの生と死の区別のつきがたいと考えられた状態という想定(「上代葬儀の精神」、『折口信夫全集』第二十巻など) に大きな魅力を感ずる。すなわち、死の直前から骨化するまでの期間が本来の殯の期間で、この間の状態が文字通り「死骸」であったのではないかと思われるのである。

さて、大林太良氏は、死後の幸・不幸の決定要因をつぎの四系列に整理されている(『葬制の起源』)。

㈠死に方が死後の幸・不幸を決める。

㈡生きのこった者たちの死者への態度で死者の幸・不幸が決まる。
㈢死者自体の生前の行為が死後の幸・不幸を決定する。
㈣死者の生前の身分によって死後の幸・不幸が決まる。

このうちここで問題となるのは㈠と㈡であるが、大林氏は、この㈠と㈡は密接にむすびついていること、また㈠は東南アジアから太平洋にかけてのアウストロネシア語族のところで発達し、日本の産褥で死んだ産女の怪談の系譜もここに求められるとされている。さらに氏は、この㈠の考え方は、死後の世界は死の瞬間の無限の継続であり、延長であるという観念を前提にしており、生前死後を含んだ人生は、第一期の生まれたときから死の直前までの時期と、死後にではなくまさに生の終末の時期に始まり、それがつづいていく第二期にわけて考えられる、という注目すべき説を主張されている。この大林氏の説を採用させてもらうならば、このような時間構造をもった生と死の「境界状況」こそが、死骸を霊的存在たらしめるのであり、その通過儀礼が殯ということになると思われる。すなわち、この期間の状態こそ、死者の第二の人生の出発点として、それを永遠に平穏ならしめることを保証するものであったため鎮魂が重要な儀式となったものといえる。そしてこの鎮魂はいろいろな要素をふくんでいたが、死者が残した現世に対する意志をかなえてやることが重要な要素として存在したことは容易に想像されるところであり、そこで発現した死骸の霊力としての意志が、絶対的なものとして子孫などに大きな拘束力をもったものと考えられる。

ところで『古事記』、『日本書紀』にみられる天若日子の殯には、喪屋に尸者《ものまさ》・舂女《つきめ》・哭者《なきめ》・造綿者《わたつくり》・宍人者《ししひと》などがいたと伝えている。この尸者について和田氏は、「尸者は死者の生前の姿を模倣し、死者そのものとして諸人より奉仕される人物で、その尸者に供する食物を加工・調理するのが舂女・宍人者である」（前掲論文「殯の基礎的考察」）とされている。死骸の意志が殯においてどのように表示されたかは不明であるが、この尸者の役割は、この意味で注目されるであろう。そして、このような考えにたつならば、天皇の長期にわたる殯の期間、殯場で皇位継承をめぐる争いが頻発するのも、天皇の死骸の意志——たとえそれが政治的に利用されるものであったとしても——と、おそらく無関係ではないように私には思われる。

## 死骸の磔

さて、以上みてきたように肉体的にも精神的にも死骸のありかたが、もし死後の永遠の人生を決定するものであると考えられていたとすると、人を殺す殺人とともに殺しかた、殺したあとの死骸の処置などが当然大きな問題として存在したと思われる。そして、このような死骸の観念の存在は、殺人の際の殺し方の形とともに、死刑の形態に大きな影響を与えていたことが想像される。すなわち、今日的観点にたつならば、死罪の刑の軽重の基準は、罪人に与える精神的・肉体的苦痛の強弱と関連して考えられるが、このような死骸観念の強く働く社会においては、それと深い関係をもつとはいえ、「死骸状況」のありかたがもう一つの基準として存在したことが予想されるのである。

ヨーロッパの『バイエルン部族法典』などの古法には、死体を河中に投じたり、死体をかくし、死者の供養をできなくする秘密殺人の規定が多くみられるが、日本においても鎌倉時代、近江の葛川荘の住人が伊香立荘住人に仲間二人が殺されたばかりか、「葛川荘住人の子息童一人の死骸を引隠し、ついに失せしめた」（『葛川明王院文書』）というかたちで、相手を非難し、その処罰を訴えているから、法によってその罪を定めてはいないが、死骸の秘匿が殺人とは別に罪と考えられていたといえる。説経節などに登場する民間のリンチである、相手を簀でまいて河中に投じて殺す簀巻《すまき》刑も、この死骸の遺棄・秘匿と関連するとも考えられる。また藤原氏の陰謀の犠牲になって自殺した長屋王に対し、天皇がその死骸を城の外に捨てて、焼きくだき河に散らし海になげうつことを命じたという話（『日本霊異記』）も祟《たたり》の問題とともに、死骸を消滅させ、葬らせないという意識による例といえる。中世の武家では、斬首してその首をさらす梟首《きょうしゅ》の刑が一般的に行われたが、これは合戦において敵の首をとり、これをさらす慣行と同じく、みせしめというより本来的には、死骸の恥をさらすことが目的であったと思われる。いずれにせよ、江戸時代にいたっても死刑に処せられた死骸は葬らないというのが原則であった。

つぎに死骸の形態についてみるならば、賊盗律に「凡そ死屍を残害し、謂はく、焚き・焼き・支解（死体をバラバラにすること）せる類をいふ、及び屍を水中に棄てたらば、各闘殺の罪に五等減ぜよ」（日本思想大系『律令』）と死骸損壊の罪が定められている。また律においては斬首刑は絞首刑と異って、殺すのに刃物をもちい死体を損壊させるので絞首より重刑であり、一般の殺人罪でも刃物をもちいて殺す殺人の場合は重罪とされている（同書補注）。この律は中国法を移入したものではあるが、ここでは死骸の損壊が刑罰のありかたに影響していることが知られる。また江戸時代の「御定書百箇条」には、主殺・親殺などを行って磔《はりつけ》に処せられるべき重罪人が牢死した場合、その死骸を塩詰にして保存し、死骸を磔にすることが定められている。これは死骸に対して刑を行うわけで今日の眼からみて極めて奇異にうつる。この時代特有の形式主義によるものともいえるが、この磔刑は、戦国法にも放火犯人は、何回も磔にかけることが定められているから、本来的には、この刑が死骸の損壊を一つの目的とした重刑であり、この江戸時代の処置は、この刑の目的を遂行する形のものともいえる。

以上思いつくまま恣意的に死骸の観念と刑のありかたをみたが、もちろん刑の形態はいろいろ複雑な要素をふくむことはいうまでもなく、その考察は今後の問題である。

# 5 都市鎌倉

石井　進

## 幕府法から見ると

現代の都市が多くの問題をはらみ、新たな形での犯罪を生み出していることは、しばしば指摘されるところである。中世の鎌倉ではどうであったか。源頼朝の開府以来、ようやく覇都として出発した鎌倉は、十三世紀半ば以降の鎌倉時代中・後期に、その繁栄をきわめる。南の海岸をのぞく他の三方を丘陵によってとりかこまれた鎌倉の中心地域は、あたかも現在のように細かい谷々の奥まで、山を削って階段状に整地され、いたるところ家屋が密集していたらしい。人口数などは不明だが、相当な過密都市だったことは想像にかたくない。

さてこの鎌倉に対して幕府の出した法令の一部が、幸いにも今日までつたわっていて、文献史料の乏しい都市鎌倉の研究に大きな光を投げかけてくれる。それは主として十三世紀の半ば、北条氏執権政治の盛期のものだが、以下、若干を紹介しよう。

「鎌倉中で輿に乗ること、殿上人・僧侶・六十以上の御家人以外はすべて禁止」、「凡下の輩(平民)たち、道々の工や商人らが騎馬に乗ることは一切禁止」、「袈裟で頭を包んだままの僧徒の横行も禁止」、「編笠をかぶって鎌倉中を通行することもかたく禁断」など通行の手段や服装の規制にはじまり、「女性を集めては濫行をし、魚や鳥を食い、酒宴を好むような念仏者たちの家は取りこわし、身柄は追放せよ」という宗教的禁圧令に及ぶ。

「盗人」・「悪党」・「辻捕」(辻々で女性を掠奪する行為)とならべて「旅人」もまた厳重に警戒すべき対象に数えあげられている。これらの犯罪の予防のため、市内を分けた行政単位である保ごとに夜廻りを励行すべきことも何度か命令され、「博奕の禁止」も重要な禁令とされている。ただし囲碁・象碁は例外とされているが、最近、鶴岡八幡宮の境内から鎌倉時代の将棋の駒が発掘されたことも思い合わせて、何となくほほえましい。

道路の清掃・保持もやかましい。それぞれの家の前の道路の掃除、橋の修理については保の奉行人が責任をもって監督することとされ、道路に牛をつないでおくことも禁止されている。「道路をせばめるな」とは、しばしば出される禁止令で、その内容としては「家のひさしを道にさし出すな」、「町屋を道路にせり出すな」、「溝の上に小家を作り出すな」などとされている。つぎつぎと家がせり出して道路がせまくなるとは、西欧の中世都市にも見られる現象のようだが、鎌倉の過密都市化を如実に物語っているのではないか。そして「病人や孤児、あるいは死屍や牛馬の骨肉を道路に棄てるな。病人・孤児は保奉行人が「無常堂」に送り、死屍や牛馬の骨肉は取り捨てよ」との法令には、飢饉や災害の多かった当時の鎌倉の街頭の惨苦にみちた状況がよく示されている。道路の清掃といっても、そんな簡単な仕事ではなかったのである。

道路はまた当然ながら人々の集う場、商業・交易の行われる所であった。「辻々の「盲法師」や「辻相撲」が禁止されるばかりではない。家々をまわり歩く行商や、道筋に立って売買をする「立商人」も制止するなど、この方面でも幕府の統制はきびしい。その中で誘拐や人身売買が厳重に禁止され、人商人は名簿を注申させて鎌倉から追放と定められていた。

鎌倉の所々にあった小町屋や売買の施設についても、建長三年（一二五一）には大町・小町・米町・亀谷辻・和賀江・大倉辻・化粧坂山上の七ヵ所だけに限定された。これらの市場以外で商人から直接に安く買いたたく「迎買」や、市価より安い値で強引に買い取る「押買」もきびしく取りしまられたが、一方では商人の暴利を規制する物価統制令、高利貸の利息の制限令も出されている。街頭や商業・金融の活動に対する幕府の統制意欲には、なみなみならぬ強さが感じられるのである（以上の法令はいずれも、佐藤進一・池内義資編『中世法制史料集』第一巻、収録）。

＊なおここに参照しなければならないのは、仁治三年（一二四二）に豊後国の守護大友氏が、守護所の所在地たる豊後の府中に対して出した十ヵ条ほどの法令である。そのうち押買の禁止や物価統制令、府中で笠をさすな、大路をせばめるな、博奕の禁止などの五ヵ条は、すでに幕府の鎌倉あての禁令に見えるのと同趣旨である。そもそもこれら十ヵ条をふくむ大友氏の法令「新御成敗状」には、御成敗式目などの幕府法に従って、それを管内に下達したことの明らかなものが多い。したがって豊後府中あての法令の残り五ヵ条も、おそらくは鎌倉あての幕府法の趣旨を適用したものであろう。

そう見ると「府中に地を給わる者が、その土地から出すべき「済物」や「所役」を怠ったら、屋地を召し上げる」、「住人が府中に道祖神社を立てることを禁止する」、あるいは「道々の細工人に対して強引に私用の物を「押作」させてはならぬ」などの法令は、鎌倉にも適用されたものにちがいない。とくに「晴れの大路に産屋を立てるな」、「府中には墓所は一切あるべきでない。もし背くものがあれば改葬させ、その屋地を召し上げよ」という、人間の生と死にかかわる二つの法令は、鎌倉を考える上にも実に興味の深い内容である。

## 息のつまりそうな町？

さて以上のように多方面にわたる禁令類が、しかもくりかえし何度も発布されているところからすると、まさに鎌倉は禁令づくめの、「息のつまりそうな町」にみえる。七つの切通によって外部とつながり、しかもその切通におかれた木戸などの防衛施設によって囲まれていた鎌倉は、たしかに「木戸のなかの都市」、一種の城塞都市であったが、その内部もまたきびしい軍事警察的統制の貫徹した都市だったのだろうか。たしかに為政者の出した禁令には、そうした意図が濃厚である。だが問題は、それがどこまで実現したかである。そして一面からいえば、同種の禁令がくりかえし発布されていること自体、幕府がいかに意図しようとも現実は必ずしもそのように動かなかった事実の証明なのである。

ここで鎌倉の都市形態を考えてみよう。政治的・宗教的な中核に位置するのは鶴岡八幡宮であり、そこから海岸へとまっすぐにのびる基幹道路として若宮大路は、鎌倉創生期につくられた一種の都市計画の基本軸を示している。だがそれは決して後に過密都市と化した鎌倉の全体までを規制しうるものではなかった。鎌倉が政治的都市として建設されたことをみとめつつも、しかもその基本的性格は自然発生的都市であったととらえた、かつての『鎌倉市史　総説編』の結論は、たしかに的をついている。そしてそれは当面の問題の解明にもなにがしかの示唆を与えてくれる。

いわば自然発生的要素の統御、その秩序化こそ幕府にとって鎌倉支配の最大の課題であった。この観点からすれば、鎌倉に対する法令の重点が商業・交易面の統制、道路の維持・清掃、通行手段の規制等々、都市の自然発生的側面にむけられていたことは当然である。ではそれはどの程度まで実現したのであろうか。

この点を考えるためには、法令によって規制された側の史料から、逆にその現実をとらえ返し、都市生活の実態のなかで幕府の法令の機能のしかたを観察することが必要であろう。文献史料に乏しい中世の鎌倉の場合、まず注意されるのは、鎌倉仏教をになった巨人の一人、街頭での「辻説法」で有名な日蓮の行動である。現在も鎌倉には日蓮宗の寺院が多いが、その立地はみな海岸よりの商業地域、いわば下町に集中しており、山手の谷々の奥に所在する旧仏教や禅宗の寺院などとは好対照をなしている。これは開宗以後の日蓮の布教の中心が、まず都市鎌倉の商業・交易や街頭と深いかかわりをもっていたことを示唆するであろう。しかも鎌倉における日蓮は、文応元年（一二六〇）には草庵の焼き打ち、弘長元年（一二六一）には伊豆の伊東に流罪、一旦ゆるされた後の文永八年（一二七一）には再び佐渡に流罪と、しばしば「法難」にあい、二度の流罪など幕府から直接の弾圧をうけた。その時期といい、活動の場といい、経歴といい、ここでの検討にもっともふさわしい対象といえよう。

## 鎌倉の日蓮

建長五年（一二五三）、故郷に近い安房の清澄山ではじめて「南無妙法蓮華経」の題目を唱え、法華経に帰依すべきことを主張した日蓮は、やがてその地の地頭の迫害をのがれて鎌倉に入り、名越の松葉ケ谷に草庵を結んだ。名越とは鎌倉の東南方の一角、鎌倉から三浦半島を経て房総へとむかう古道の旧東海道に沿った地域で、かつての鎌倉七口の一つ、名越切通の下を、今は国鉄横須賀線のトンネルが通過している。東海道から鎌倉への西の正面入口ともいうべき極楽寺坂の付近一帯や、古くからの武蔵大路によって北西方から鎌倉に入る化粧坂の付近とともに、この名越の地は鎌倉の町の周縁部を代表するところであった。すでに北条時政の時代から北条氏はこの地に邸宅をもっていたが、三浦半島からの入口を扼《やく》する軍事的要地だったのである。しかもこの谷の付近や周辺部一帯には鎌倉時代から多くの墳墓（「やぐら」とよぶ、この地方に特有の一種の洞窟墓）が密集し、一般民衆の葬送の地でもあったと推定されている。同時にそこは商業と交易でにぎわった場所であり、各地から鎌倉へと流入してきた人々の集うところでもあった。日蓮がまず名越松葉ケ谷に居をもとめたのも、そうした場所柄を考えれば容易に納得がゆく。

この地を根拠として数年間、日蓮は布教につとめ、「立正安国論」等を述作する。「旅客来って嘆いて曰く、「近年より近日に至るまで、天変・地夭・飢饉・疫癘、遍く天下に満ち、広く地上にはびこる。牛馬巷にたふれ、骸骨路に充てり。……弥、飢疫せまる。乞客目にあふれ、死人眼に満てり。屍を臥して観と為し、かばねを並べて橋となす……」」という「立正安国論」冒頭の一節は、まさに当時の鎌倉の、しかも名越など周縁部の地域の実相を語ったものであろう。すでに引用した、道路に病人や死屍・牛馬を捨てるな、という幕府の法令とあわせて、惨苦にみちた鎌倉の都市社会の一面がしのばれるが、しかも「日蓮自身、その災害のまっただなかにいた」(川添昭二『日蓮』)ことが、名越という地域の場所柄とあわせて注意されねばならない。日蓮がしばしば「賤民が子」、「海人が子」、あるいは「旃陀《せんだ》羅《ら》が子」と自称したことの意味も、こうした環境との関連においてこそとらえるべきであろう。

## 都市周縁部の実態

ところで日蓮とほぼ同じころ、名越とはちょうど対称的な位置にあたる極楽寺坂の付近一帯では、律宗の忍性(良観)がさかんな布教活動を行っていた。極楽寺を拠点とし、北条氏をパトロンとした忍性の、社会事業、下層民の救済事業の数々は著名である。たとえば飢えて食なき人々には粥のたき出し、病者には療養のための病院の建設、さらに疲れ、病んだ馬に対しても馬の病院を建てるなど、極楽寺から鎌倉に入った今の長谷・坂ノ下一帯では、忍性の精力的な活動がくりひろげられていた。それがこうした場所に集中しているのは、東の名越一帯とともにこの付近が鎌倉における周縁的な場であり、流亡の人々、都市下層民の集り住むところであったことを示している。

それ故にこれらの地域こそは、日蓮・忍性をはじめとする活発な宗教活動の展開された場であった。そもそも勧進聖浄光の発起した大仏のたてられたのが、忍性の活動のもっとも顕著だった谷の奥であって、すでに忍性以前から、この付近一帯が聖たちの活動の根拠地であったことがうかがわれる。やや後の建治三年（一二七七）頃、京都から下ってきた竜象房なる僧が、大仏の門前で日夜、説法をこころみ、鎌倉中の上下貴賤がこぞって釈尊の再来と貴んだ、ということがあった。これに対しては早速、日蓮門下の俊秀三位公が、その場にのりこんで公開討論をこころみた。宗教論争であるが、これに随行した日蓮の信徒四条頼基は、武装した徒党の者どもを引きつれて説法の座に乱入したとして訴えられ、日蓮は頼基にかわって、その無実と訴の不当性を主張する「頼基陳状」を執筆している。この時、武装しての乱入の事実の有無はともあれ、こうした周縁的地域一帯では多くの宗教者の布教の席が設けられ、当然に宗教論争も多く、しばしば同志をひきいての武闘にいたることも珍しくはなかったのであろう。

思えば鎌倉入りの日蓮をおそった最初の「法難」、深夜、暗闇に乗じて数千人の反対派が日蓮の名越の草庵を焼き打ちした事件なども大規模な武闘であった。とくに鎌倉の周縁部分において、多くの惨苦とともに一面では活発で荒々しく、活気にみちて騒然とした世界がひらかれていたことは疑いがない。現実の鎌倉は、けっして法令の面にみられるような「息のつまりそうな町」だけではなかったのである。だがだからといって、それらの法令がまったく無効であったとは、むろんいえない。日蓮の二度の流罪が、「悪口」あるいは徒党を集めての武装の罪等々に問われたものであることは確かだからである。むしろ基本的には、相当の程度まで幕府は都市鎌倉の自然発生的要素の統御、秩序化に成功していたというべきかも知れない。これらの点に答えを出すためには、当時の都市生活の実態に即した、さらに立ち入った検討が必要であろう。

当然ともいえようが、その実態は決して今日の「古都鎌倉」のたたずまいから安易に予想しうるようなものではない。たとえば上記の竜象房について、日蓮は「頼基陳状」のなかで、京都では人の骨肉を朝夕の食物としていたことが露顕し、比叡山の衆徒によって家を焼かれ、身柄は誅罰されるところを逃亡して来たものだときめつけ、鎌倉でもまた人肉を食っていると非難している。まことに奇怪な風聞であるが、信ずべき文献によれば、その前々年、竜象房の京都の房は比叡山の衆徒によってこぼち、焼かれている。その房の一つは、古くから京都における葬送の地の一つとして知られた白河の中山にあったというから、この奇怪な風聞とも一脈の連関がありそうだ。

これに関連して、注意すべき手紙がある。この頃、鎌倉にいた信徒の富木常忍が、身延の日蓮にあてたものであるが、その一節には、つぎのように見えている。

「餓鬼草紙」（東京国立博物館蔵）

追って申し上げます。近日、稲荷社と八幡宮に人の肉が供えられる事件がもち上りました。また、ある下僧が小袋坂で葬送の死人の肉を切り取っているのが見つかり、由井が浜で政所が糺問したところ、竜象房からの注文だと白状しました。そこで竜象房に相尋ねたら全く知らないとの返事で、なお下僧を推問したところ、今度は化粧坂の燈炉堂の法師の注文だったと白状したのでお尋ねになっておられる、との風聞です。まことにとんでもない出来事でございます。

絵巻『六道絵』の「餓鬼草紙」中の一段（図版参照）、古塚や石塔の立ち並ぶ葬送の場に現われて、死屍をむさぼり食っている疾行餓鬼たちの姿はあまりに著名であるが、それは鎌倉においてもけっして絵空事ではなかったのである。こうしたカニバリズムに関連して現われてくる場所が、いずれも鎌倉の境界部、周縁部に集中しているのは、いったい何故なのか。大きな問題だと思うが、それにしても中世都市鎌倉の生活の現実とは、今日の私などからみて、まことに目のくらむ思いのするようなものであったらしい。たまたま気づいたこのカニバリズムの記述程度でおどろかされることなく、中世の鎌倉の生活の実相を見すえて行く、そうした過程を経なければ、「都市鎌倉の罪と罰」についても、本当のところは何一つわかるまい。課題の困難さが、ようやく身にしみてきたというのが、昨今の私の感慨である。

# 6 盗み

笠松宏至

フロイスの『日欧文化比較』(大航海時代叢書XI)十四章にいう。

われわれの間では窃盗をしても、それが相当の金額でなければ殺されることはない。日本ではごく僅かな額でも、そのことによって殺される。

「大航海時代叢書XI」の訳注者、岡田章雄氏はこの条に、「フランシスコ・シャヴィエルの一五四九年十一月五日付、鹿児島発の書簡にも「〔日本には〕窃盗はきわめて稀である。死刑を以て処刑されるからである。彼らは盗みの悪を非常に憎んでいる。」と記している」と注記されている(同上、六二三頁)。

十六世紀の日本人にとって、盗みがかくも憎まれ、死をもってあがなわねばならぬ重い罪であり、しかもそれが西欧人にとって〝日本独特の風習〟の一つとして認識されたという事実は、日本の「罪と罰」を考える上で見逃すことはできまい。

一体このような窃盗観が、事実存在したのなら、それはいつのころから日本の社会に定着していたものなのだろうか、またもし〝日本独自〟のものだとしたら、そのような法思想が生まれた原因は何なのだろうか、そのようなことについて、多少の史料と、一、二の憶測を記してみることにする。

こう。

## 窃盗口舌は軽罪

そこでまず、中世の諸々の法律に現われた「盗み」の罪について、一応のことを調べておこう。

中世初めの法書『法曹至要抄』強窃盗事条は、賊盗律「凡強盗」「凡窃盗」両条のほか、かの弘仁十三年（八二二）二月七日の太政官符（『類従三代格』巻二十に全文あり）をひいたのち、審問中の犯人の身柄の拘束について、容疑の罪が軽ければ「獄舎政所」に、重罪のときは「獄舎」に拘禁するのが「使庁之流例」とし、このような厳重さは「およそ盗犯事、朝家重く誡むるところ」なる理由であると説明している。同じころ、幕府からそのでたらめさを非難されていた検非違使庁でも、「盗犯」についてこのような観念をもっていたことは注目を要することである。

鎌倉以降のいわゆる公家法の中で、「盗犯」についての条文をもつ法令は現存していない。恐らく立法事実そのものがなかったものと想像される。そしてその事自体、このころの公家法の性格を考える上での一つの材料ではあるが、ともかくそうした状況の中で唯一の例外は、弘長三年（一二六三）四月の、広田社充ての「神祇官下文」である（『中世政治社会思想』下）。この下文は普通の意味の公家法と同一視することはできないにしても（同上、解題参照）、当時の公家法のもっとも実践的な側面の一端をうかがうことはできる。

この法の一つ「窃盗事」条によると、いわゆる「贓物」はすべて銭に換算され、その結

果、

一百文以下　本物を本主に返せば免責
二百文以上　一倍弁（二倍弁償）、本物を本主に、あと同額を検断執行者に支払う
一貫以上　禁遏其身、没収資財、一倍弁
五貫以上　一倍弁の規定に斟酌を加える
科料銭不足のときは、一百文につき一日拘禁、再犯者は追放

この法令は、すべて「撫民法」の性格をもち、「窃盗犯」に対する刑も、それ以前の酷刑をゆるめたものに違いないが、「贓物」の多少によって刑を定めるという原則を保持し、後述の幕府法とほぼ同じく、一、二百文の少額犯についてはきわめて寛大であることは注目されよう。

つぎにこの時代の幕府法は、右の公家法とほぼ見合った——若干の相違はもとよりとしても、驚くほど似かよった原理の上に立つ——「盗み」の法を定立している。

御成敗式目はその三十三条で、「強窃二盗罪科事」について、単に「既に断罪の先例あり、なんぞ猶予の新儀におよばんや」とするのみで、「先例」が何をさすかは定かでないが、式目に先立つこと約一年の寛喜三年（一二三一）四月の追加法（『中世法制史料集』第

一巻、二一条）は、「盗賊贓物事」と題して、つぎのように規定している。

一百〜二百文　一倍弁、安堵其身
三百文以上　一身の咎ありとも、三族の罪に及ばず

ところでこの法は、意外にもかなり有名な法として知れわたったとおぼしく、宝治二年（一二四八）七月の追加法（二六三条）では、先掲の規定を悪用し、一倍の弁済をすませばそれ以上の罪に問われないのをいいことに、さらに「小過の盗犯」を重ねる者が出現したとし、今後は再犯者は「一身の咎」に行うべき旨を諸国の「雑人奉行」に通達している。

つぎに建長五年（一二五三）、「諸国郡郷庄園地頭代」充てに発令された十三ヵ条の検断法規中の一つ「窃盗事」（二八四条）では、

三百文以下　一倍弁、其身安堵
三百〜五百文　科料二貫文
六百文以上　一身の咎、ただし親類妻子所従等の咎に及ばず
　再犯者は、小額でも一身の咎

これを約十年後の先掲「弘長公家法」と比べると、量刑的にもきわめて接近しているのに気づくが、たとえば同じ法令中の「密懐他人妻罪科」の、名主二十貫、百姓五貫の科料に比べれば、著しく軽科であったことは否めない。

ところで、この公武二つの検断法令は、いずれも在地の村落社会において現に通用していた極めて苛酷なルールを、「撫民」の名のもとにチェックしようとする共通の性格をもっていた(『中世政治社会思想』下、解説「鎌倉後期の公家法について」)。これらの「撫民法」が、その範囲を懸命に限定しようとした「一身の咎」「妻子所従におよぶ」罪こそ、現実のルールであったと考えてほぼ間違いあるまい。

それはともかく、幕末近い乾元二年(一三〇三)の一連の検断法令でも、

(A) 悪党・殺害・謀書以上——重科
(B) 窃盗・刃傷・博奕・謀略以下——軽罪

と分類し、(B)に属する既決囚全員の「厚免」を定めたことでもわかるように、幕府の窃盗軽罪観は一貫していた(追加七〇九条)。

一、二を争う長文の判決文として知られる正安二年(一三〇〇)七月の鎮西下知状(「山田文書」)には、長文だけにつぎのような実に様々な「盗人」が、地頭と郡司の相論の対

象、すなわち「盗人」への地頭の検断に対する郡司側の反論の場に登場してくる。

馬盗人、椎盗人、芋盗人、主人の小袖盗人、父の稲盗人、布袋盗人、

たとえば芋盗人の場合、地頭が犯人の母の「白状」を証拠として科料三貫文を責め取ったというもの。芋を何本盗んだかはわからないが、三貫文といえば、場合によっては田一段、人一人買えるほどの大金であった。判決は「三百文以下は一倍弁」の前述の法を通用し、地頭に科料の返付を命ずる。

また主人の小袖一枚を盗んだ所従の女を「押取」り、「盗犯露顕」の上は、主人といえども介入できないと抗弁する地頭に対し、判決は主人の財物を盗んだ者は、主人が「誅罰」するのが当然であるとして、女の身柄の返却を命ずる。

さらに馬盗人が妻の父の許に隠れたとして、かくまう者の「身代四人ならびに馬二匹」を「押取」ったという件については、三族の罪に及びがたしとして、身代・馬の返付を判決する、等々、いずれもごく日常的な窃盗犯に対する在地検断権者の「人身」「身代」「三族」に及ぶ苛酷な処罰、これに対して窃盗を「根本軽罪」「指たる重科にあらず」とみて「撫民」を貫こうとする幕府、この図式は実際の判決例の中にも常にみられるところであった。

## 大犯三ヵ条

このように「窃盗・口舌は軽罪」を原則とする公家法・幕府法に対し、同じ成文法でもいわゆる本所法とよばれるものに眼を転ずると、そこにはかなり違った窃盗観が見出される。たとえば、鎌倉時代本所法の好例とされる弘安以後の高野山領荘園の荘官起請文をみると、窃盗は、あるいは「殺害等大犯」の一に数えられ、あるいは「殺害盗犯等重科」として、殺人同様に重罪視されている（『高野山文書』七）。また貞治六年（一三六七）八月の「西大寺検断規式」は、

(1) 家内の財宝・田畠の作毛を盗んだ者は、殺人と同罪。すなわち職・所帯没収、家屋は焼払、その身は追放。
(2) 山野の竹木・園地の果物を盗んだ者は、旧例に任せて過料。

と盗品の種目によって刑を分けた中世では異例の史料であるが、それはともかく窃盗には、当座の口論から始った刃傷や、悪口・打擲・犯他妻等に比べてより重い罪が科されていた。

またいずれも戦国期の史料だが、いわゆる寺内法の例を二つ挙げておこう。

永禄二年（一五五九）五月の越後の「本成寺規式」は、寺内犯罪者に対する追放の期限を定めた。それによると、盗人に科された二十年は、殺人・本尊売却・密懐の「一期」（一

生）につぐもので、刃傷の十年、打擲・悪口・博奕の五年をはるかに超えていた（「本成寺文書」）。さらに享禄元年（一五二八）九月の河内観心寺の検断規式では、寺内の過人は原則的に追放を科することをきめたが、「家やき・人ころし・盗人」の三ヵ条は、御法に任せて成敗することを特記している（『観心寺文書』）。これこそ、かの『日葡辞書』がこの当時における「大犯三ヵ条」として掲げる三ヵ条と全く一致するもので、「盗人」の処刑は、恐らくこの頃「天下の大法」といってよいものであったことを想像させるのである。

## 地下の法

以上のように、わが国の中世社会には「ぬすみ」に対して対極的な法思想が長期にわたって二つながら存在しつづけた。一つは現実に在地で機能し、そのまま荘園本所法などにとり入れられている「窃盗重罪観」であり、一つはそれをふまえつつ「撫民」の立場からこれをチェックしようとする「窃盗軽罪観」である。両者のかかわり合い方、また時代的なファクターを考えるまえに、「窃盗」がその周辺の社会の中でどのように扱われたのか、二、三の実例によって考えてみよう。

応永三十三年（一四二六）六月、京都山科醍醐の郷民が近くの勧修寺に押しかけて、手負いまで出る騒ぎがあった。原因はその明け方、醍醐小野の一人の男が、勧修寺で「竹盗人」を働き、つかまって殺されたのに報復しようとしたことにあった。醍醐寺の座主で黒衣の宰相などといわれていた政僧満済は、勧修寺の通報を受け郷民を制止して引き退がらせたが、その日記（『満済准后日記』）にこう記している。

盗人の段、法に任せらるるの条、何の子細あるか。ただし慥かな所見候はば、なほ然るべきか。御糺明あるべきのよし返答せしめ了ぬ。すでに盗人なり。その上両方上と上と相談じて道遣《みちや》るべきところ、事問はず発向に於ては言語道断、狼藉の至奇怪至極なり。後日罪科たるべきのよし、種〻切諫を加へ了ぬ

「上と上」（醍醐・勧修寺両門跡）の間で決着すべきことを無視して、勝手に押しよせた郷民に対し、満済にしては珍しく感情を高ぶらせて憤慨しているのとは逆に、「竹盗人」に対する処刑は「法に任せた」当然の処置として、一片の懐疑もない。

ところで一方、勧修寺へ押しかけた郷民たちには、この「法」を不当とする意識が働いていたのであろうか。もしそうだとすれば、「窃盗」に対する上下の法意識の差は、前述の幕府と在地領主などの場合と正反対ということになる。しかしそのような「窃盗軽罪観」は郷民の中にも全く存在しなかったであろう。もし勧修寺の男が逆に醍醐で「竹盗人」を働いたなら、彼らは躊躇なく犯人を処刑していたであろうし、また郷内の窃盗犯の処断についても、事はほとんど同じであったろう。その推測の根拠ともなる例を、つぎにあげよう。

文亀元年（一五〇一）四月、家領和泉日根野荘経営のために下向した前関白九条政基が、現地入り早々政所屋に掲げた「制札」三ヵ条（図版参照）の一つは、

一、窃盗の儀、三銭を過ぐるは、直の御披官人たりといへども、顕形に至らば披露に及ばず切りすつべきこと

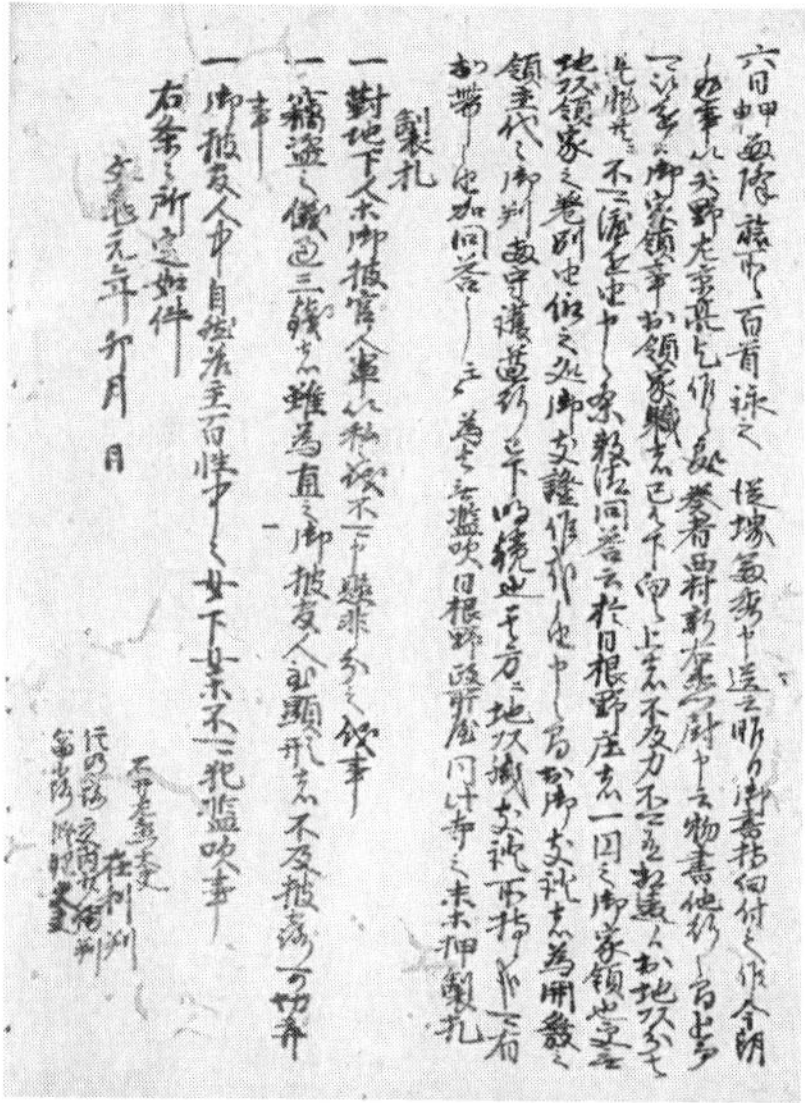

『政基公旅引付』文亀元年四月六日条（宮内庁書陵部蔵）

というものだった。三銭以上の窃盗犯は、現行犯なら、政基の直臣であっても、政基に断りなしに切ってよい。例の「一銭切」という言葉を連想させるこの法は、領主様の下向に多分に猜疑の眼を向ける荘民への綱紀厳正のジェスチャーであったかも知れない。しかし「三銭切」そのこと自体は、すこしも荘民を驚かせるものではなかったはずである。何故ならやがて政基は、蕨粉盗みの咎で「証人一人も不生置、母マテ殺害」してしまった「地下の沙汰」の苛酷さに、逆に驚かなくてはならなかったのである。さらにまた、すでに離婚していた盗人の妻子までも処刑しようとする「地下の沙汰」に対して、「盗人を処刑することは、無数の例があるが、妻まで殺すことはどうかと思われる。まして、離別の前まで夫だったという理由で、わかれた妻を殺すなどとは例も知らないし、「式条」にものせてない」として、処刑をとりやめさせている。政基にうろ覚えの「式条」を拠りどころにさせるほど、村落社会内部での「盗み」への苛酷な制裁、それはひとり日根野村のみのことではなかったことは疑いないだろう（以上『政基公旅引付』）。

中世後期に至ってかなりの数の存在が知られている村法のたぐいの中に、直接「盗人の罪」そのものを規定したものは、一つも見当らない。また戦国大名のいわゆる分国法をみても、わずかに「長宗我部氏掟書」が「盗賊之事……歴然に於ては、頸を斬るべき事勿論なり」とするぐらいで、かの「塵芥集」（「御成敗式目」丸写しの条文が多い）ですら、「窃盗・強盗・海賊・山落の事」条を一条に立てながら、式目とはまるで別の、「生口」について云々するのみという有様である。つまり中世後期の社会で、窃盗は既に法でその罪刑を明示する必要のない対象になっていた、そう考えても誤りないであろう。

## 盗みは災厄

「ぬすみ」を「重いつみ」とみる見方、「軽いつみ」とみる見方、この二つが現に中世法の世界の中で存在しつづけた。各々の考え方を支えていたものは何だろうか。どこにその分岐点があったのか。まず、中世のほとんどの人々、ほとんどの時間、そこで現実に効力をもっていた「重いつみ」の方から考えてみよう。

建長五年（一二五三）四月、後嵯峨上皇は鎌倉に下って将軍位にいるわが子宗尊親王に、三種の「神符御護」を密々に送りとどけた。副えられていた賀茂時定撰するところの「御勘文」には、そのうちの「三台護身符」の効用がつぎのように書かれていた。

　此符をかくれば、三災九厄の病難をのぞく。三災とは盗賊・疾病・飢饉也。此三難にあへども一切恐なし。皆悉消除す（『吾妻鏡』）

中世人にとって「盗賊」は、「やまひ」や「うゑ」と同じく、悪しき神のたたりである

「わざはひ」の一つであった。呪言によってしか除くことのできない「不浄＝つみ」という性質をなお保持していた。だからこそ、盗人の逃隠れした御陵は、付近の樹木を一町余にわたって切払って、その「つみけがれ」を祓わなければならなかったのである（『福智院家古文書』建仁四年（一二〇四）正月、僧範慶等連署申状）。

　このことは、本書「家を焼く」で勝俣氏が述べた「犯罪」一般に内在する「穢れ」ともかかわることはいうまでもない。ともかくそのような視点からみた「ぬすみ」は、行為それ自体が「つみ」であり、贓物の高によって百文以下ならこう、三百文以上になったらどう、などと区別できる性質のものでないことは確かであり、また盗品を被害者に返すことによって消える「つみ」でもあり得ない。

　弘長三年（一二六三）六月、高野山政所は「盗犯の罪科」を犯した一僧侶の「相伝私領」を没収し、これを他の僧侶に充行った。その充行状の中に、つぎのような注目すべき但書が付けられている。

　盗犯・殺害の先例・傍例に任せて、永代を限り、他の妨げなく領知せしめ給ふべし

　犯罪者の私領が没収され他人に給与されても、新給人の知行に何らかの事情が生じたとき、再びかつての旧主に給与されることは中世においてしばしばみられる現象であった。に

も拘わらず、「盗犯」が「殺害」と同じく、その再給与期待権を完全に断ち切られ、正しく「永代を限り」新給与者に充行うことが「先例・傍例」であるとすれば、それは上述の「盗犯」という「つみ」の本質から由来していると思われるのである（『高野山文書』三、六二六頁）。

平安時代以来、文書・日記・法令などの中に「盗人に処すべし」とか「盗人の罪科を被るべし」とか、あるいは「盗人の准拠」などの言葉が慣用句として用いられている。もちろんそれが字義通り、「盗犯」で一括されるべき「ぬすみ」類似の犯罪について多く用いられたことは確かである。しかし私にはそれだけではない、何か呪言的な要素がこの言葉にはあるように思われてならない。それは「ぬすみ」が、中世人にとってある意味では、もっとも厭わしい忌むべき「つみ」を代表するものであったことを示していたのではないだろうか。

「ぬすみ」は、現象的には「もの」の移動にすぎない。これは「合意の成立」という条件をぬかせば「和与」と同じであり、さらに「代価」の有無を無視すれば、売買・質入れと同じである。したがって「本物」の返済、もしくは不当な占有期間に見合う弁償を加えれば、被害を消し原状を回復させることができる。この点が殺人・刃傷・放火・悪口・強姦・密通などと本質的に違う「つみ」であることはいうまでもない。だから「盗犯の処罰であるが、贓物を幾倍かにして返還せしむると云ふことが、多くの民族に通有なる現象である」（中田薫『法制史論集』第一巻、七三二頁）といわれるように、ローマ法以来、賠償制がもっとも早く、かつ広く行われたのが盗犯に対してであったのは、ごく当然であるといってよい。

仁井田陞氏の研究によれば、東アジア諸国の多くの国々で、盗犯に対する賠償制が発達し、賠償不可能な犯人に対して、はじめて実刑ないし「人間賠償」の制が行われていた（『中国法制史研究　刑法』三五一頁）。実刑主義をとる中国法の影響下に成立したわが国の律令法には、賠償制は表面には現われていないが、贖銅《しょくどう》制が発達するなかで、やがて前にみたように公武両法ともに、一種の賠償制が一般化するに至る。賠償金が被害者への弁済に用いられるか、警察権者への納入に充てられるかなど、今後の考察を必要とする問題点はいくつも残っているにせよ、大局的にみれば、わが国中世の公権力が制定した「軽いぬすみ」の罪は、世界史的にみてごく標準的な法理であったといえよう。だからもし、そのような「ぬすみ」の罪が、ほとんど死をもって償わねばならない今一つの「重いぬすみ」の罪を駆逐して、中世の社会に定着していたなら、十六世紀に渡来したフロイスを窃盗犯処刑の故をもって驚かすことはなかったのである。

**盗まれた魂**

では何故、わが国中世に「ぬすみ」を「もの」の弁済などによっては償うことの出来ない重大な「つみ」であるという観念が長く残存したのか。わからぬながらそのことの意味を少し考えて終りにしたい。

『今昔物語』などの説話類などによって大よその見当はつくし、そんな事は高度成長期以前なら現代でも同じことだが、盗品の大半は衣服や宝石などの装飾品であり、稀に銭や米がこれに加わった。これらの「もの」が、当り前の交換価値をもつ「もの」であれば、窃盗は前述のように単なる「もの」の移動でしかない。贓物を凡て布、銭で換算し、その多少によって弁済の額、罪の大小を計量しようとした公家法・幕府法はまさしくこの原則から、「ぬすみ」の罪を判断しようとしたものであった。それは「ぬすみ」を「わざはひ」とみ、「盗人」のかくれた山の木を伐り、盗人の私領を「限未来」剝奪しようとする思想とは全く異質であることは明らかであろうし、ザビエルの眼を見はらさした「ぬすみ」への憎悪とも無縁であった。

ところで中世の日本人にとって（程度の差はあってもごく最近までの多くの日本人にとっても）、「もの」は単なる「もの」ではなかった。とくに長く家に伝わり、長く身につけた品々、それは銭に換算し、代替され得る以上の「もの」であったことは想像に難くない。たとえば衣服を例としよう。折口信夫氏の研究によると、天子や氏の上の「たましひ」は分割されると信じられ、その「しるし」として「一衣一魂」として臣下や一族の者に配られた（衣配《きぬくばり》という）（『折口信夫全集』第二十巻、二三二頁）。その事の当否は私には全くわからないが、主人や親から伝えられたもの、長く肌身につけたもの、そうしたものへの強い愛着は、信仰に近いものであったことは十分想像できる。「もの」に込められた「たましひ」

は、長く身につけられることによって、所有者の「たましひ」をもそこに含み込んでいたのではないだろうか。

当然ながらこれらの「もの」は、他の「もの」によっては代替不可能である。と同時に、たとえ「ぬすみ」によってではあれ、一旦他人に占有された「もの」は、その同じ「もの」が被害者にもどされたとしても、完全に原状を回復させることは出来なかったのではあるまいか。盗まれた「もの」は既に「盗人」の「たましひ」の一部を含み込んでいるからである。

窃盗犯の処刑に驚いたフロイスが、「われわれの間では見付かった盗品は裁判官によって、その所有主の手に戻される。日本では見付かったこのような盗品は失われたものとして裁判官が没収する」という彼我の差にも注目している（フロイス前掲『日欧文化比較』六二四頁）。訳注者も指摘するように、この事実の妥当性はなお論証を要することであるが、発見された盗品が「失われたもの」とみなされるのがもし一般的であったとしたら、*それには前述のような「もの」に対する考え方が背景としてあったのではあるまいか。強盗のとり落した小袖を「これもとりて後は、わが物とこそおもひつらめ。ぬしの心ゆかざらん物をば、いかゞきける」として受取らなかった安養尼の心には、正しく「失われたもの」としての認識が生のかたちで息づいているように思われる（『古今著聞集』日本古典文学大系、三五九頁）。

＊永享四年（一四三二）八月の観心寺「満山評定」記録に、贓物は大小に依らず没収して惣寺の収入とすることを原則とし、もし被害者が「熱心」に執着した場合のみ、「請料」を徴収して返還することを定めている（『観心寺文書』四二〇頁）。

そういえば『古今著聞集』や『今昔物語』などに活躍する、いかにも派手で、ある時は人の喝采をさえ博しかねない「ぬすみ」をどうみたらいいのだろうか、私にはよくわからない。ただこうした「ぬすみ」の舞台である都市に生まれた「もの」の観念の上に、はじめて「ぬすみ」を銭で換算する公家や幕府の法が成立し得たことは確かであろう。

# 7

# 夜討ち

笠松宏至

## 昼打入り夜強盗

此比都ニハヤル物、夜討、強盗、謀綸旨《にせりんじ》、召人、早馬、虚騒動《そらそうどう》

数ある「ハヤル物」のなかから、都大路にとどろく叫声、怒声、悲鳴、そうした「騒音」をテーマとして構成されたこの一句、いわずと知れた「二条河原落書」冒頭のくだりである。中でも「天下一統メツラシ」き「御代」に横行する無法の象徴として、日本落書史上の最高傑作といわれるこの作品の序を飾る名誉を与えられたのが「夜討ち」であった。

落書から二年たった建武三年（一三三六）十一月、その間に後醍醐天皇の中興政府は倒れ、鎌倉ではなく京都に新しい幕府が誕生しようとしていた。激変する政局を生きぬいてきた法律家、中原是円が当面の政策について尊氏の諮問に答えた「建武式目」の第三条はつぎのようにいう。

一、狼藉を鎮めらるべき事
昼打入り、夜強盗、処々の屠殺、辻々の引剝《ひっぱぎ》、叫喚さらに断絶なし。もっとも警固の御沙汰あるべきか（原漢文、以下同）

「京童」を自称する落書子と、律令を業いとする是円、書き手は大きに違っても、市中にわきおこる「叫喚」のもとに、それ程の差があるはずもない。なのに建武式目がいうのは「昼打入り、夜強盗」、一方落書は「夜討（夜打入り）、強盗」である。もし後者がいうただの強盗がかりに「昼強盗」であったとすれば、打入りと強盗の「昼」と「夜」が両者入れ替ったことになろう。強盗はともかく、たった二年の間に都に流行《はや》りものの「打入り」が夜から昼に替ってしまったのか、そんなことはありうべくもないが、同じ犯罪の上に冠せられた「夜」と「昼」のちがい、これは何となく気にかかることである。「大袋《おおぶくろ》」だの「追落《おいおとし》」、名前からしてひとの好奇心をそそらせる〝中世らしい〟そんな犯罪とはちがって、「夜うち朝がけ」などと今も日常語の一つでもあり、中味も当り前すぎるようで随分気もひけるが、中世の「夜討ち」について少し考えてみることにする。

「夜討・強盗・山賊・海賊は世の常の事なり」（『入来院文書』渋谷為重陳状案）。「夜討ち」はごくありふれた犯罪ではあったらしいが、少くとも権力の側はこれを凶悪犯とみなし続けた。御成敗式目が「殺害人」に准ずるいわゆる「大犯」のうちに掲げたことは誰しも知っているし、したがってその刑も斬罪が原則だった（『中世法制史料集』第一巻、追加七〇五条）。荘園本所法でも全く同様に「殺害等大犯」の中にかぞえられ（『高野山文書』七、正慶元年（一三三二）七月十二日、荒川庄々官等請文）、ある場合には「かつは夜討に於ては、四箇大犯の随一なり」（「勝尾寺文書」正応二年（一二八九）八月十九日、僧慶真申状案）とさえいわれたほどの重罪であり、このことは室町・戦国期に至るまで変りはなかった。

しかし一方、「夜討ち」が戦闘の一形式であり、時には一つの「夜討ち」の成否が、政権の帰趨を決してしまったほどの、はなやかで、もっと大事なことのよび名であったことがあるのも勿論である。その上、語の用例としては戦闘の「夜討ち」が、犯罪のそれよりもかなり古いだけに、まずこの方の「夜討ち」から考え始めるのがものの筋道であろう。

## 夜いくさ

「夜討ち」は、「夜」という時間、「打(討)入る」という行動、この二つの要素からなり立っていることはいうまでもない。したがってそのほかのこと、たとえば「夜討ち」の結果として何がおこるか、殺人か放火か盗みか、そうした事が「夜討ち」を規定づけるものでなく、それはどちらの「夜討ち」についてもいえることである。白昼の「打入り」が「昼打入り」であることは前に述べた。また「夜」ではあっても、双方が陣から出て戦う場合は、それは「夜軍《いくさ》」であって「夜討ち」ではなかった。城・館であれ、宅・家であれ、何者かが主人として支配する、門・垣によって区分された場所、そこに「打入る」ことなしには「夜討ち」は成立しない。だから「夜討ち」を考えるには、「夜」と「打入り」、この二つのことの中世的な意味について、そして出来ることならその二つの結合について考えてみなければならないのである。

夜うちなどいふ事は、十騎廿騎のわたくしいくさなどの事也。さすがに主上・上皇のくにあらそひに、夜うちなんどしかるべからず。就中今度の合戦に、源平両家の名を得たる兵共、数をつくして両方に引わかるゝ。故実を存、互に思慮をめぐらすべし。（『保元物語』日本古典文学大系、八四頁）

高松殿に籠る天皇方への「夜討ち」を主張する為朝の言を用いず、やがて逆に義朝の「夜討ち」に敗れる因をなした頼長のこの「夜討ち論」は、夜討ち史上大変有名な言葉である。「私戦」と「国争」の対比はともかくとして、「故実」に合致しない、まともならざる戦いとしての「夜討ち」像がそこには描かれている。では当時のまっとうな合戦の「故実」とはどんなものだったのか。

石井進（日本の歴史7『鎌倉幕府』一一七頁）、石井紫郎（「合戦と追捕」、『国家学会雑誌』九一－七）両氏の研究によると、平安から鎌倉にかけての時代、東国の武士団の間には、つぎのような「合戦のルール」が存在したという。

㈠軍使の交換による合戦日時・場所の指定。

㈡「一騎打ち」のつり合いのための「名乗り」。

㈢敵の乗馬、非戦闘員、降参人の殺戮の禁止。

もしこれがルールなら、頼長の言をまつまでもなく、「夜討ち」はまさに無法の戦いといわれても仕方ない。「不意討ち」を宗とし、「夜陰に紛れ、姓名を知らせず人を討」ち（「清原宣賢式目抄」）、敵の「居所に放火」するのを常とする「夜討ち」は、先掲ルールの㈠・㈡・㈢、いずれをとっても合致しないどころか、むしろその対極であった。

では「夜討ち」は、ルール破りの無法として非難されただろうか。為朝の策を用いなかった頼長を愚とし、義朝の献言を用いて「夜討ち」に勝利した信西を賢として描く『保元物語』筆者の立場は明らかであろうし、「牒ヲ通ハシテ日ヲ定テ、其ノ野ニテ合ハム、ト契」った戦をすっぽかし、敵軍の離散をみて「夜討ち」をかけ、一度は勝利した藤原諸任の行為についても、『今昔物語』巻二十五のどこにも非難がましい筆を見出すことはできないのである。

だがこうした「夜討ち」の盛行をもって、合戦のルールそのものの非存在、もしくはその崩壊を示すものとは、私には思えない。「昼の合戦」のルールは、はじめから「夜の討入り」には通用しなかったのではなかろうか。これも後代の史料だが、「敵へ夜討仕様の事」を定めた水軍の軍法（「能島家伝」）は、その一条に、

夜討は敵に逢て名乗法なし

という。「名乗る」のが「昼の法」だとすれば「名乗らぬ」のが「夜討ちの法」だといえないだろうか。「夜ウチハ物ヲユヘハウルイ程ニ、物ヲイハシトテソ」（『湯山聯句鈔』）。無言で行動し、敵の不意をつく、そのことは何等非難の対象とならない「夜討ち」のルールであった。

中君の夫は天下第一の武者なり、合戦・夜討・馳射・待射……等の上手なり（『新猿楽記』）

「夜討ち」の道にも長ずることが、「武者」の資格であり、彼の「芸」の一つでもあった。この時代、「夜討ち」は無法でもなく、まして犯罪などではなかった。

## 暗黒のルール

ところで中世の人々にとって、「夜」とは一体どんなものであったのだろう。鎌倉時代、京都の辻々に篝屋《かがりや》がおかれた話は有名だが、そのあかりに照らされる範囲はごく限られたものだろう。まして一歩市内を離れれば、月のない夜はそこは漆黒の闇だった。「われわれの間では男も女も小児も夜を怖れる。日本ではこれに反して大人も小児も決して怖れない」とフロイスはみたが（『日欧文化比較』大航海時代叢書XI）、それは程度の差であったろう。少くとも現代のわれわれの昼と中世人の昼の差より、われわれの夜と彼らの夜の差の方がはるかに大きいものであったことは容易に想像がつく。問題が大きすぎて到底私などの手には負えないが、僅かな史料から中世の「夜」の片鱗をのぞいてみよう。

鎌倉時代中頃の弘長三年（一二六三）、神祇官が摂津の広田社（西宮）に下した「社内住人検断式条」と銘うつ十八ヵ条の刑事法令がある（神祇官は朝廷の官衙《かんが》だが、この場合は一本所が傘下の荘園に下した本所法とみた方が実態に即す）。この法令は同時代の公家法や本所法にみられない特異な規範を多く含んでいるが、中に「夜田を苅る輩の事」と題する一条がある（『中世政治社会思想』下）。

夜中に他人の田を苅り盗んだ者は、それが一束以内であれば盗んだ分を返させ、罪には問わない。一束から二束の範囲なら、その三倍を過料として徴集し、三分して一は被害者に、一は広田社の社司に、残りは社内の警察権の執行者たる「惣追捕使」に与える（いわゆる検断得分が、警察行為の実行に見合う反対給付として分配されるという中世社会での重要なプリンシプルにかかわるが、今はふれない）。二束以上、または再犯者に対しては、その身の拘禁、財産の没収を科す。法の内容はざっとこんなところだが、立法者が立法の趣旨についてつぎのような弁明をつけ加えている点が、何より興味ぶかいのである。すなわち、子細前条に准ずるといへども、夜田を苅る事に至りては、田舎の習、殊にこれを禁ずるか、仍って別段に載せらるるところなり、苅畠これに准ぜよ。

「前条」とは、窃盗罪一般についての詳細な規定をもつ条文であり、主要部分だけを要約すると、百文以下は本物だけの返還、二百文であれば、六百文徴集して前述のように三分配、一貫以上となれば、身柄の拘禁、財産の没収を科する。つまりもし「夜田を苅る」行為を単純に窃盗の一種とみるなら、「前条」をそのまま適用すればそれですむことであり、事実罰則は「前条」のそれとほぼ見合っている。何故そうせずわざわざ「別段」を立てたのか。それは「夜田を苅る事」が「田舎の習」として「殊に禁」ぜられており、別条を立てて法意をことさら明示しておかなければ、「夜田を苅」った者に対する共同体内部での苛酷な制裁から、犯人を救うことができなかったからであった（この法令は、多くの条文がいわゆる撫民法の性質をもっている）。

「京」にいる立法者に、こうした弁明をつけ加えさせるほど強烈な印象を与えている「田舎」の慣習法、それはただ他人の「田を苅る」ことではなくて、「夜田を苅る」こと、その行為が「夜」行われたことにほとんどの比重をもっていた。そのことは条文の表現だけでも十分推測できるが、もう少し別の史料をあげておこう。

「田や野良の作物を盗んだ者をみつけ、殺した者には、それが昼であれば米五斗、夜であれば三石の褒美を出す」、「宵六つから明六つまでの間、稲をもって通る者は罪科に処す」。これは中世も末の天正十六年（一五八八）、惣村で有名な近江今堀郷の惣掟である（『中世政治社会思想』下）。のら盗人に夜昼の差をつけた前者は、たとえば「誰しも夜間に穀物を盗む者は、絞架（絞晒首刑）の責がある。彼がそれを日中に盗むならば、それは彼の首（斬首刑）に及ぶことになる」、「誰しも、刈られた草または伐られた木を夜間に盗む者は、絞首刑をもって裁かれるべきである。彼が日中にそれを盗むならば、それは彼の皮髪に及ぶことになる」（久保正幡ほか訳『ザクセンシュピーゲル・ラント法』）などのゲルマン法との比較からも興味ぶかい。さらに夕六時から明朝六時までは、その所有者が誰ということに関わりなく、稲をもって通る者を罰するという後者は、ただ稲盗人に対する威嚇という点からだけでは理解できない要素をもっている。

それより三年前、同じ近江の玉緒村の惣が定めた惣掟は「宵六時以後は一切作物を収穫してはならない」、「朝六時より前は、野らへ出てはならない」の二ヵ条を含んでいるが、その他の条文を参照すると、これは犯罪の防止というよりは、明らかに村落の生活の秩序ともいうべき性格の村法である（『中世政治社会思想』下）。

これらの事を思い合わせると、広田社の法令にみえる「田舎の習」が嫌悪し、その違犯者を厳しく咎めようとしたのが、田の持主の誰彼に関わりない「夜田を苅る」という行為そのものであったことは、ほぼ疑いないように私には思われる（神祇官の立法者が、それを「苅り盗む」という点だけから法文をつくったのは当然といえば当然だが、在地の慣習法がどのような形で支配者の法に摂取されるかという、例のむつかしい問題にも一つの素材を提供している）。

では何故、夜中に野らに出たり、稲を苅ったり、作物をもって通行してはいけないのか。また「田舎の習」は、ほかにどんな「夜の法」をもっていたのか。私には全くわからない。ただこうしたささやかな例からも、中世の夜には昼とは違うルールが存在していたことを窺うことだけは出来る。くわしく述べることは出来ないが、たとえば長享二年（一四八八）のある禁制では「夜の五以後七以前、音せてとをる者」は「悪党」とみなされ、急用の者は「ちょうちん・たいまつ」を持って往来することが定められている（「鑁阿寺文書」）。また大内氏の戦国家法の中に、「夜中大路往来」、「夜中に湯田の湯へ入る事」、「路頭夜念仏」の禁止令があるように、「夜中通行人」に対する規制は多くの公権力の法に存在した。

村落であれ、都市であれ、一つの集団、一つのテリトリーの平和維持という立場からは、農耕であれ通行であれ、夜動くものに対する厳しいルールが存在したことは事実である。そのことを含めて、「夜討ち」における「夜」の意味を考えるまえに、今一つの要素である「打入り」のことに簡単にふれておこう。

## 打入り

くり返すようだが、「夜討ち」は夜間の「打入り」である。だから、時は夜であっても、単なる窃盗や、道路における引剝などは、「夜討ち」の範疇に入らない。

> ここに御賀尾浦又次郎、先年の比、数十人の人勢を率ゐ、夜中、忠国の住宅に打入り、夜討ちせしめんと擬するの処、忠国の所従ならびに百姓ら、防ぎ戦ひてかの又次郎以下の輩を召し取るの処、夜打人たるによって、守護御方の御下部に召し渡し畢ぬ（「大音文書」正和五年（一三一六）十一月、忠国陳状案）

右の史料にみえるように、夜中・集団・「住宅」への侵入、これが「夜討ち」の典型である。その目的が物盗りでも、傷害でも、殺人でも、そのことは問題ではない。この史料でも、犯行の〝形態〟が「夜討ち」であったが故に、召し取った犯人を守護所へ引渡さねばならなかったのである（いわゆる大犯三ヵ条に含まれる犯罪は、鎌倉時代幕府（守護）にその刑事裁判権が帰属していたから）。四十数人の一隊が、雪の降る夜半、本所吉良「邸」に打入った例の一件なども、時代は違っても正しく「夜討ち」そのもので、「浅野殿浪人夜討も、泉岳寺にて腹切ぬが越度也」と『葉隠』が称したのも少しも不自然ではなかった。

そこで「打入り」ということの意味であるが、それを考えるためには打入られる対象物である「館」とか「宅」、「家」とか「在所」、その表現は区々であってもほぼ同一の法的な性格をそなえていたもの、それらの中世的特質を知ること、それが必要でありそれで十分であろう。ところが中世の「家」については幸いにも、あるいは法的な立場から、あるいは社会史的な立場から、戸田芳実・勝俣鎮夫・石井進・大山喬平・網野善彦氏らのすぐれた研究が相ついで発表され、中世を分析するための有効な視角として既に定着しているといってよい。小文の内容にもっとも関連深い勝俣氏の論考（『中世政治社会思想』上、塵芥集頭注、『戦国法成立史論』第一章）から引用させてもらえば、「門」があり、「垣」がめぐらされ、「四壁が木竹」で囲まれている」景観をもつ中世の「家」は、国衙や戦国大名など公権力の犯人逮捕のための侵入をも容易には許さない「刑事法上の一種のアジール的性格」をもち、「家」の主人は「不法侵入者に対する成敗権」をもつ「判官」であった。集団で打入らずとも、「夜中に及、他人の門の中へ入、独たゝすむ輩」を「はからさる殺害に及ふとも、亭主其あやまりあるへからさる」ことが法的に定められていたのである（「今川仮名目録」）。

先にも触れたように、そしてそれはまた別に考えたいテーマであるが、中世にはいわゆる「路頭の犯罪」と名づけらるべき罪の一群がある。それらは一般に、犯罪行為か民事訴訟にともなう自力救済か、その両者の境界的な行為である場合が多い。それは丁度「夜」の犯罪に対し、鎌倉幕府裁判の法書たる「沙汰未練書」が「昼強盗」は検断沙汰としながらも「ただし追捕狼藉は所務（民事）なり」と注をつける必要があったのと、同じ関係にあったのである。他人の「家」に「打入る」行為は、これと全く逆である。その目的の如何を問わず、その行為を正当化する根拠は中世社会のどこにも存在しなかったであろう。「夜」がそうであったと全く同様に、「垣」を越え、「壁」をこわして他人の「家」に侵入する「打入り」は、集団の平和維持という面からはもっとも忌避さるべき悪行であった。

このようにみてくると、「夜打ち」は「夜」からみても、「打入り」からみても、その行為の凶悪性、反社会性を示し、そのことは「大犯の随一」といわれた犯罪としての「夜討ち」には正しく符合するが、「武者の芸」に数えられ、それ自身が一つのルールであるとみた戦闘形式としての「夜討ち」には合致しないことになるだろう。わからぬなりに、その辺に理屈をつけなければ、この拙文を終ることができない。

### 夜討ちの消滅

ところで、二つの「夜討ち」は形態は同じでも、そもそも同一に論ずることが無理な異質のものであろうか。

鎌倉の初め正治元年（一一九九）ごろ、源為賢なる武士の知行する大和の一荘園があり、彼は従者を定使に下してその経営に当っていた。ところが彼の言分によれば、現地の豪族とおぼしい為清なる者、所当米の奪取などの悪行の末に、「凶徒を相語ひ、夜打ちを定使の宿所に入れ、定使ならびに妻子所従ら八人を殺害」するに至るが、やがて搦め取られ、罪に問われようとした為清はこういったという。「所犯左右に及ばず、罪過遁れ難し。しかれども甲参の敵人、その罪を免かるるは古今の例なり、よって一族の引文を与ふべし、今度の罪を免ずべきなり」（『鎌倉遺文』四、二〇二五号）。普通の犯罪なら、八人殺害というような大罪を犯して逮捕された犯人が、「降参人」たることを主張しそれが容れられるというようなことは、まずあり得ないだろう。「降参」はかの「合戦のルール」であった。荘園内の「宿所に打入る」というような、統治者の側からみれば、犯罪以外の何ものでもないような「夜打ち」でも、少くとも当事者の間には「武者の芸」としての「夜打ち」が生きのこっていた。つまり、「夜打ち」に二つあったわけではなくて、それをみる側に全く違う二つの立場があったのである。

「夜」は本来、「昼」のおきてや法の外にあったと私は思う。そして仮りに、ある集団なり権力が、その内部での「夜」をおきての中に取り込み、「昼」にもまして厳しい秩序をおいたとしても、その外に拡がる「夜」は、依然として「昼」が果している保護や束縛のない、「夜」のルールのみの作用する無法な世界だった。網野氏は「「家」に対する「無縁」の原理のたえざる作用」を強調されるが（『無縁・公界・楽』二十章）、原始的自由の支配という立場からみれば、「夜」もまた「無縁」の名でよばるべきものだと思う。「夜討ち」は、この二重の「無縁」にからむ行為であったが故に、わずかな時代の進展につれて、それは「武者の芸」から「大犯の随一」へ、「降参人」から守護所へ引渡されなければならない「犯罪人」

へとかわっていかねばならなかったのである。そして建武式目が「昼打入り」をもの珍しげに「当時狼藉」の筆頭に掲げたころ、かつての「夜討ち」はその姿を消しかけていたのかも知れない。

# 8 博奕

網野善彦

## はじめに

本書の事実上の編者から、博奕をテーマとするように言い渡され、うかうかとその気になった私は、すぐに自分の浅はかさを思い知らなくてはならなかった。もともと私には、博奕を問題にする資格など全くなかったのだ。それは私自身が博奕の世界を本当の意味で体験していないということによるだけではない。もちろんこれも重大な失格条項であるが、なによりこの世界が私の力の到底及ばない広さと深さを持っていることを、ちょっと調べただけで痛感させられたからにほかならない。

実際、現代の社会において、男女を問わず、大人から子供まで、なんらかの意味の博奕に関わりを持たないものはほとんどいないといってもよかろう。祭の露店で、数字を書いた紙に十円玉を賭け、あっという間に十数枚を失った子供のころの私の娘をはじめ、身近な友人たちの中にも、職場で日本シリーズの勝負に賭け、賭麻雀をやり、簡単な賭博を楽しむ人はきわめて多い。にも拘らず、賭博は刑法にふれるのである。こうした状況は、多少の差はあれ、時代を遡ってみてもさして変りないようにみえる。博奕はそれほど人間の本質にくいこんでいる。

それは、「偶然の遊びは優れて人間的な遊び」（カイヨワ『遊びと人間』岩波書店、一九七〇年）といわれるように[1]、まことに人間的な行為であり、それ自体が祭儀と結びつき、太古まで遡りうる（ホイジンガ『ホモ・ルーデンス』中央公論社、一九七一年）。その博奕がなぜ「諸悪の根源」とまでいわれるほどに忌み嫌われ、処罰の対象となりつづけてきたのか。文字通り、これは人類史的な問題であり、また哲学上の根本問題ともなりえよう。その前にあって、私など「蟷螂の斧」ほどの力も持たないことは自明であった。

賢明な人がこうした問題を避けるのは当然である。事実、日本において、博奕の研究はきわめて少い。戦前、『賭博史』(半狂堂、一九二三年)を著した特異な学者宮武外骨氏、その宮武氏と親交のあった尾佐竹猛氏の『賭博と掏摸の研究』(総葉社書店、一九二五年)があり、三浦周行氏も「江戸時代に於ける賭博犯の種類」(『続法制史の研究』岩波書店、一九二五年)を書いているが、戦後には『賭博』Ⅰ・Ⅱ(法政大学出版局、一九八〇年・一九八二年)を世に送った増川宏一氏を、私は知るのみである。旧制高校卒業以来、将棋史、盤上遊戯史の研究に打ちこみ、別に『将棋』、『盤上遊戯』(法政大学出版局)の二著のある増川氏は、ごく最近、日本の賭博史を中心に、関係史料を網羅した『賭博』Ⅲ(同上、一九八三年)を刊行された。すべてをこの書にゆだねるのが「賢明」であることは明白といわなければならない。

しかし、いったん引受けた義務はともかくも果さなくてはならない。やむなく以下に、私のこれまでに知りえたことを列挙し、多少の論点を付記し、今後の研究の捨石としたいと思う。

## 博奕は万人のもの

神判、占い、鬮《くじ》などはひとまずおき、日本における博奕が文献上に現われるのは『隋書倭国伝』であるが、日本側の史料の初見は、天武天皇が大極殿で王卿に博戯をさせ、勝者に衣袴などを与えたという『日本書紀』(同天皇十四年(六八五))の記事である。この天武の皇后、持統天皇が、最初の博奕禁制を出すのであるが、それはともかく、古代の天皇、その一族には博奕好きが少くない。

皇后と博奕をして負けた光仁天皇(『水鏡』)、小野宮を雙六で手に入れたという惟喬親王、近臣に囲碁を打たせ懸物を与えた醍醐天皇(『古今著聞集』)、さらに「三不如意」の一に雙六の賽《さい》をあげた白河上皇など、博奕を楽しみ、それに熱中した人は、多いのである。もとより貴族も同様で、囲碁について「公卿ぞうちける」(同上)といわれ、後白河上皇も博奕に打ちこみ、『愚昧記』が仁安三年(一一六八)五月十一日条に、「院中博奕之外無他事」と記したこともよく知られている。鎌倉初期、花山院忠経が右大臣だったころ、「侍共七半という事を好て、あるとしある物ども、よるひるおひたゝしく打けり」と『古今著聞集』が伝えるような状況は、宮廷を中心に、かなり一般的であったとみなくてはなるまい。

武家も同様であった。安貞三年(一二二九)、将軍頼経は目増《めまし》をし、嘉禎三年(一二三七)正月六日には、その賭物に女性を出している(『吾妻鏡』)。長い間、六波羅探題であり、連署でもあった北条重時も、決して博奕をやるなとはいっていない。自分が世話をしてはならないが、人との交際のためにはやったらよい、とその家訓に記しているのである。もちろん、こうした地位の高い人々だけではない。公家では雑色、牛飼、武家では凡下から無足の浪人にいたるまで、博奕を打たぬものはなかった。[2] まさしく、博奕は万人のもの、といっても決して過言ではなかろう。

この状況は、中世後期以降になっても基本的に変らない。『看聞日記』応永二十四年（一四一七）正月廿三日条には、伏見宮でさかんに「博奕会」が行われたと記され、同閏五月九日条にも、地下のものたちが「賽を打ち、盃酌あり」といわれている。こうした室町・戦国期の博奕の流行ぶりは『塵塚物語』が「軍中博奕の事」としてのべている通りで、博奕で武具を失わぬ武者はないほどで、はては他人の土蔵を賭物にし、負けたときの掠奪を約束するなど、「徳政」のおこりは博奕が原因とまでいわれているのである。江戸時代については、前掲の宮武・尾佐竹両氏の著書に、その状況が詳述されており、ここでふれるまでもなかろう。博奕はまさしく超時代的に、また身分の高下、男女を問わず行われていた、といってもよいように思われる。

とはいえ、その間の変化に注目すれば、当初「博戯」と総称されていた博奕の種類が、ときとともに多様になり（前掲、宮武・尾佐竹両氏著書『賭博史』、『賭博と掏摸の研究』参照）、その扱いにも違いがみられるようになってきたことは間違いない。鎌倉中期、囲碁・将棋などは、四一半《しいちはん》など賽のみによる博奕と異る扱いをうけており、雙六にもその徴候は現われている。[3] 多少とも技能によって勝負を争うものと、偶然による比重の大きい博奕とが区別されるようになってきたことを、ここから推測することができる。

また、古い時期については史料がないため、なんともいい難いが、博奕を遊戯として楽しむ人口が時代が降れば降るほど増加したことも事実とみてよかろう。室町期、「狂言歌謡」で、「正月がをじゃれば……かるた・将棋・双六、重《(丁)》か半もよい物」と歌われたように、丁半の博奕も子供の遊びとなっており、江戸時代、こうした状況がさらに拡がったことは、さきにあげた諸研究がすでに明らかにしている通りである。

そしてその間にあって、宮武氏が「常業者」といった専業の博徒が姿を現わしてくるが、こうした博徒の源流もきわめて古く、古代にまで確実に遡りうるのである。

## 博奕の「職人」

博奕の徒は、古くから「遊手の徒」(『続日本紀』文武天皇二年(六九八)七月乙丑条)、「遊食博戯の徒」(『類聚三代格』延暦三年(七八四)十月廿日、勅)などといわれていた。これを直ちに博奕の専業者ということはできないが、菅原道真が漢詩に詠んだ「裸身博奕者」(『菅家後集』)や、延喜五年(九〇五)七月、「為国家欲誅反」といわれた三世是家王から雅楽物師額田春吉にいたる十一人の「博戯党」にはすでにその片鱗があるといってよかろう(『西宮記』巻十)。

しかし、十世紀から十一世紀にかけて、博打（博奕打）は確実に「所能」「芸能」の一つとなる。周知の通り『新猿楽記』の「大君の夫」は、賽の目を意のままにしうる「高名の博打」であった。そこには雙六の名手、宴丸道弘・豊藤太・竹藤掾などがあげられており、『二中歴』にも宴丸道供（弘）をはじめ、多くの名の知られた雙六の名人が列挙されている。これらはいわば、博奕の「職人」であった。

「我が子は二十に成りぬらん、博打してこそ歩くなれ、国々の博党に、さすがに子なれば憎か無し、負かいたまふな、王子の住吉西の宮」と『梁塵秘抄』の今様に歌われているように、博打は国々に党をなして「博党」といわれ、その間を遍歴して歩く人々も多かったのである。鎌倉初期、伊予国の「高名のふるばくち」天竺の冠者が、八十余人の博打を語らって諸国に分かち、自らに神通力ありといいふらさせたという話（『古今著聞集』）からみて、博打たちの間には、独自な連繫があったのではないかと思われる。

「東北院歌合」の「道々の者」の中に博打が現われ、『普通唱導集』の「世間芸能」（正しくは「世間出世芸能二種」）に、博打、囲碁、小将棋、大将棋、雙六などが見出され、『古今著聞集』が「博奕」を「偸盗」とともに一つの項目としているのは、もとよりこうした事実の背景があったからにほかならない。このように博奕は「芸能」の一であり、実際、平安時代後期にすでに「博奕の道」の用例を見ることができる（後述）。

しかしこのことを最もよく物語っているのは、『筑後鷹尾文書』（熊本中世史研究会編、青潮社）の編者の一人、工藤敬一氏の紹介した事例であろう。正応二年（一二八九）から同四年にかけて、鷹尾社大宮司紀元員と宮別当多米季永の間に行われた相論のさい、弘安十年（一二八七）の冬、「当庄他庄無足浪人等を住宅に招き集め」博奕を行い、守護代・国直人・押領使代の介入を招いた、と季永を非難した元員が「季永の芸能に依って、御領内に守護御使乱入せしむ」といったのに対し、季永は「本よりその道を知らず」とし、元員こそ「能く能くその道に調連《マヽ》せしむるの条、顕然なり」と反論しているのである（「鷹尾神社文書」二〇号、「鷹尾家文書」一二五号）。博奕が「芸能」であり、それにはそれなりの「道」があったことは、これによって明らかであろう。

　南北朝・室町期に入っても、世に知られた博奕打は多かったと思われる。戦国時代の実利的な気風をよく物語る「多胡辰敬家訓」（『続群書類従』第三十二輯下、雑部）[4]は「我等ガセンゾニ、小治郎重俊ト申セシ人、ロクヲン院殿サマノ御代ニ奉公申候シガ、日本一番ノバクチ打也、六十余州ニ絵図ニウツシテ、バクチノ名人ト申セシヨリ、多胡バクチト申也」、「重俊、重行、高重マデ三代、バクチノ名人ナリシナリ」とのべている。義満時代に「奉公」した多胡重俊は、諸国に聞えた日本一の博奕打だったのである。重俊は諸国を遍歴したようにもみえる。

　こうした博奕の「職人」が、清水次郎長などの江戸時代の渡世人、明治の草莽隊や自由民権に大きな役割を果し（長谷川昇『博徒と自由民権』中公新書）、大正期には百万以上を数えたという博徒の集団（宮武氏前掲書『賭博史』）につながることはいうまでもない。「芸能」としての博奕も、また古代後期以降、まさしく超時代的につづいてきたといってよかろう。

しかし、この場合はその歴史的な変化を多少とも辿ることが可能である。

## 博打と巫女、博打と舟人

まず注目しておかなくてはならないのは、「職人」的な博奕打は間違いなく時代とともに数を増していたと見られるにも拘らず、「東北院歌合」とその異本・流布本を除くと、室町・戦国期の「職人歌合」、江戸時代の各種の「職人尽」の中から、博打が姿を消してしまう点である（『日本庶民生活史料集成』第三十巻、三一書房）。これは、後述する博奕禁制の強化に伴って、博打の社会的な地位が次第に変化してきたことと関連があるのではなかろうか。先祖が日本一の博奕打であることを誇らしげに語るさきの多胡辰敬にしても、盤上遊戯——碁、将棋は身につけるべき芸の一に数えているが、博奕については祖父の代から嫌ってやめたことを強調し、「カリソメモスマジキ物ハ銭セウブ、マクレバ持シザイヲウシナフ、ザイホウヲモタデバクチヲ打ナラバ、カナラスヌスミカンダウヲセン、盗人トナラバ、知行ヲウシナフカ、イヤシキ者ハイノチヲウシナフ」と教訓しているのである。これは鎌倉期の北条重時の家訓の口調（前述）とは、かなり異るといわなくてはならない。遅くとも戦国期、こうした空気が社会にかなり広くひろがりつつあったとみられるので、その中で博奕打は社

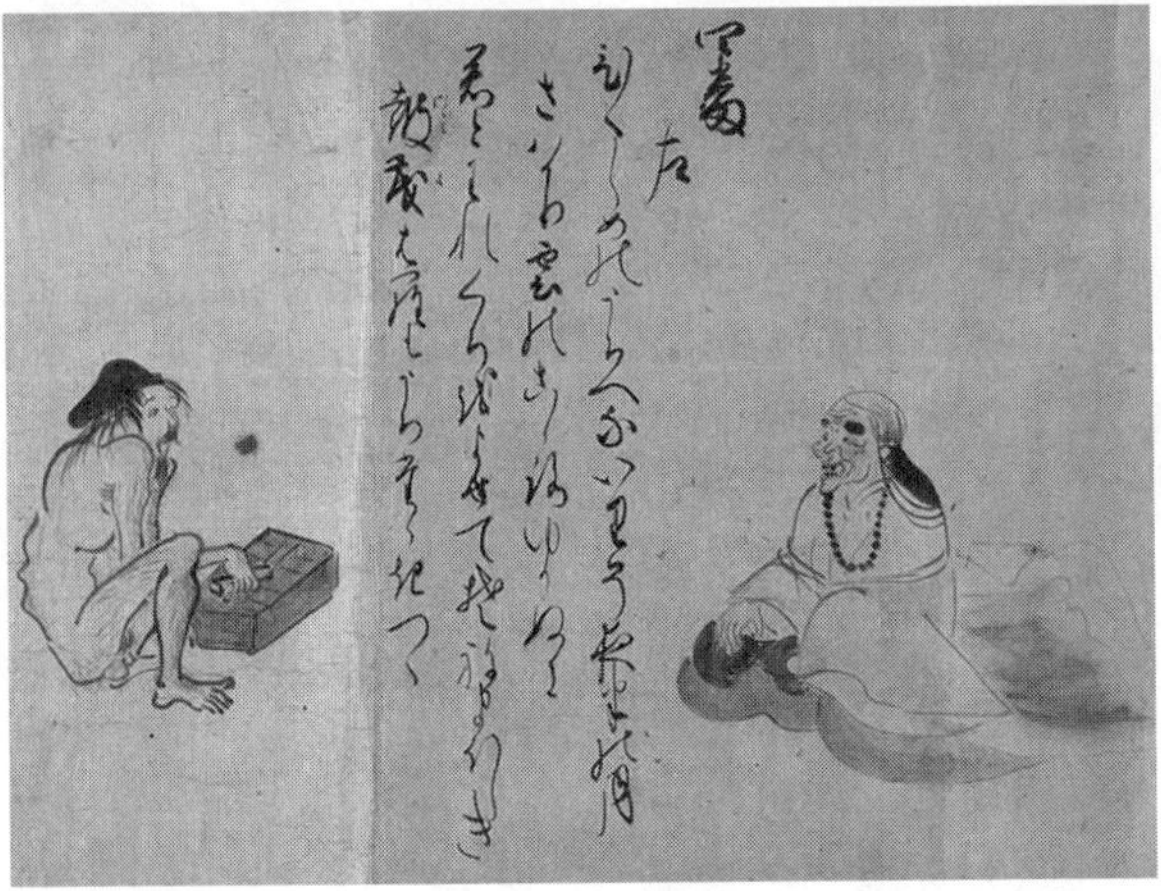
「東北院歌合」（五番本）（東京国立博物館蔵）

会の影の部分に追いやられていくようになったのではなかろうか。

それだけでなく、このような社会の雰囲気の変化は、博奕そのものの性格の変化とも関わりがあるように思われるのである。よく知られているように、鎌倉後期に画かれたといわれる「東北院歌合」は、烏帽子以外の全て、ふんどしにいたるまで賭けとられた裸の博打、まさしく「博打のうちほうけてゐたる」姿（『宇治拾遺物語』）を描いているが、注意すべきは、それが老いさらばえた巫女と対をなしている点である（図版参照）。

諸種の「職人歌合」の常として、対にされた両者の間には、性格上のなんらかの関連があると考えられていたことは間違いないが[5]、『梁塵秘抄』の四句神歌の担い手を巫女と見る木村紀子氏は、この点を鋭く衝きつつ、さきにあげた「我が子は……」をはじめ、「媼の子供の有様は、冠者は博打の打ち負けや、勝つ世無し……」や「狗戸那城の後より、十の菩薩ぞ出でたまふ、博打の願ひを満てんとて、一六三とぞ現じたる」などの今様を巫女自身の歌と考えている（「梁塵秘抄（四句神歌）」、『国語国文』五二―一）。この見方は的確と私は考えるが、とすると、鎌倉後期の博打は巫女ときわめて深い関係があったとみなくてはならない。両者の関連をどこに求めるべきか、なお今後の研究を俟つ必要があるが、いずれにせよ、博打が巫女と同様に、神と関わりを持つ呪術的な力と結びつけられて考えられていたことは間違いない。恐らく、なにものかに「憑かれた」人という点、巫女と同じく博打も賽によって神意を知りえたことに、両者の共通性を見出すことができるのではあるまいか。博奕が祭儀と関わりがあることは前述した通りであり（ホイジンガ前掲書『ホモ・ルーデンス』）、増川宏一氏も博奕の起源を占いや神託、神判、鬮などにあるとしているが、鎌倉期の博奕には、なおそうした性格があったのではなかろうか。人々は賽の目に、「神の意志」を見ていたのであり、今様に「王子の住吉西の宮」などが現われるのも、こう考えれば自然といえよう。

しかしこの歌合の作者は、木村氏も指摘するように、巫女をみにくい老女、博打を裸身の男として描いている。そこに、こうした呪術的な職能民を零落したものと見る、歌合の作者の見方が現われていると思われるので、さきのような博奕をとりまく社会的な空気の変化

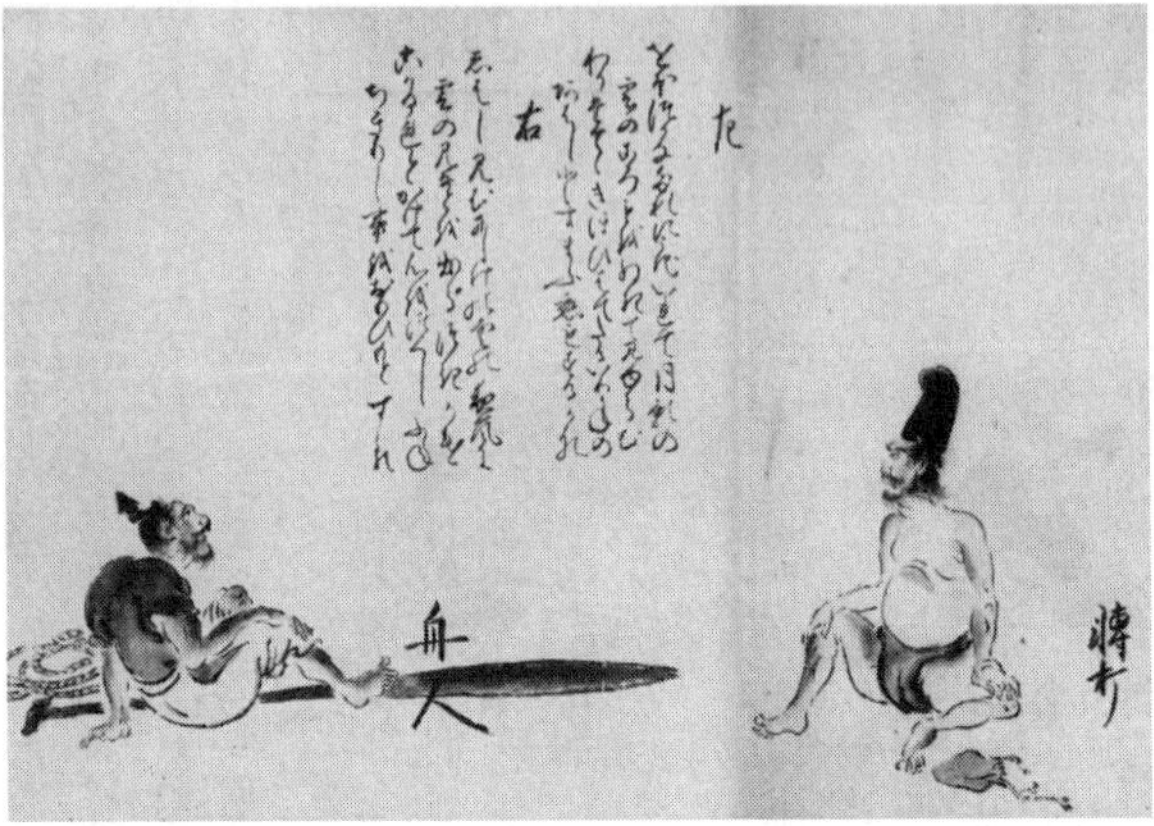

「建保職人歌合」（「東北院歌合」十二番本）（国立公文書館蔵）

は、すでにこの時期には萌していたといえよう。

しかも興味深いことに、かなり時代が降るものとみられるこの歌合の流布本は、博打を舟人と対にし、しかも腹の出た、いかにも裕福そうな、しかしだらしない太った男として描いているのである[6]（図版参照）。船は博奕がさかんに行われた場であり、両者が一対にされた理由も恐らくその辺にあるのであろうが、博打はもはや神に多少とも関わりある憑かれた呪術者としてでなく、余り素姓のよくない一種の「有徳人」と扱われているようにみえる。中世後期以降、それ以前と異なる位置づけをされた博打の姿を、これは象徴しているのではあるまいか。

## 博奕は諸悪の根源

このように、現実には万人の心をとらえ、多数の「職人」や名人まで生み出した博奕が、しかし一方では古代から現代にいたるまで、一貫して忌み嫌われ、そのときどきの権力者、政府によるきびしい禁制の対象となってきたのである。しかも日本の場合、他の諸民族と比べて禁止の強さはかなり著しいといわれているのである（増川氏前掲書『賭博』Ⅰ）。

その最初がさきにふれたように、持統天皇三年（六八九）の雙六禁制であるが（『日本書紀』）、つづいて文武天皇二年（六九八）七月には、博戯遊手の徒のみならず、それと居をともにする主も同罪とされ（『続日本紀』）、養老雑律も財物を賭けたときは杖一百、賭物の額が大きい場合は盗に准ずると規定している。(7)

禁令は天平勝宝六年（七五四）、延暦三年（七八四）と繰返され（『類聚三代格』）、降って長元八年（一〇三五）には、京中の結党して雙六を好む博奕の輩の停止が、検非違使庁、保刀禰を通じてきびしく励行されており（「九条家本延喜式紙背文書」）、永久二年（一一一四）にも、京中博戯の輩、摺衣輩の禁制が発せられている（『中右記』）。

鎌倉期に入っても同様で、暦仁元年（一二三八）、四一半打について「公家・武家殊に御禁制あり」（「広峯神社文書」）といわれているように、公家・武家、さらに寺家・社家それぞれに、博奕禁止令は頻々と下された。(8)その中で、嘉禄元年（一二二五）の公家新制は博奕禁止の理由を、宅財を賭け、喧嘩が甚しく、興宴が変じて闘殺に及ぶことに求め、延応元年（一二三九）の追加法も、四一半を「偏に是れ盗犯の基」とし（『中世法制史料集』第一巻、追加一〇〇条）、弘長元年（一二六一）の関東新制も「盗賊放火の族、多く以て出来」することを強調している（同上、三九四条）。そして、弘長三年（一二六三）の公家新制では、ついに「諸悪の源、博奕より起る」とまでいわれるにいたったのである。

これは博奕に対する当時の一方の見方を、端的に語ったものといわなくてはならない。この見方からすれば、博奕は盗賊・放火・殺害のもととなる「不善の輩」の所業であり（『東大寺文書』摂津国古文書）、まさしく「悪党の根本」であった（前掲「鷹尾家文書」二五号）。それ故、十三世紀後半から一段とそのきびしさを増す幕府の悪党禁圧令は、同時に、四一半打などをはじめとする博奕の禁止を内実に含んでいたのである。

とはいえ、博奕に対する刑罰は、この時期にはなお一定していない。嘉禄新制宣下の翌年（一二二六）、京中の「博奕狂者」の「双六の芸」に対し、六波羅の武士が搦めとり、鼻をそぎ、二本の指を斬っており（『明月記』嘉禄二年二月十四日条）、乾元二年（一三〇三）の幕府追加法でも、凡下の場合、一、二度は指を切ると規定している（前掲、追加七〇七条）。この罰は恐らくは博打たちの間をふくめ、民間でかなり広く、またのちのちまで行われたものと思われる。

一方、弘長三年の公家新制では、本人の召取、住宅破却に加え、これを容認した隣家も同罪としているが、幕府法の場合、その身の禁遏、所領・所職の没収を基本としつつも、侍と凡下の間に区別があり、侍については、雙六を許すなどをはじめ刑が軽く（前掲、追加二三三条)、凡下の場合はさきの指切りのほか、遠流に処すこととしている。

こうした刑罰の規定は全く見られないとはいえ、「建武式目」で博奕の業を制禁したのをはじめ、室町幕府法でも禁制は繰り返し発せられているが、戦国大名の分国法になると、その禁止は一段ときびしさを加え、刑罰も苛酷になってくる。

博奕を打ったものは主人に届けることなく討つべしとした「結城家新法度」、死罪・流罪を定める「六角氏式目」などのように、死罪が行われるようになり、江戸幕府もこれをうけついで、当初は斬首の刑をもってのぞんだといわれている。また、その罪が博奕の宿主にまできびしく及ぶのも、分国法の共通して規定するところであった。ただ、禁止の理由について、「結城家新法度」は、「ばくちはやり候へば、喧嘩・盗、結句つまり候へば、はからぬたくみなし候」として、鎌倉期と同様、博奕を喧嘩・盗賊の発生原因と見ているが、「板倉氏新式目」が「人之物唯可取心掛者盗賊同意也」と規定し、盗人には博奕を打たぬものもいるが、博奕打で盗みをしないものはないという諺まであげて、博奕を本質的に「盗み」そのものと断じている点は、注目しておかなくてはならない。これは博奕を盗みの原因とする見方と明らかに異なり、より徹底した博奕批判といってよかろう。しかしこの二つの見方の先後についてはたやすく決め難いものがあり、今後の研究に俟たなくてはならない(9)。

それはともあれ、戦国期、博奕を禁じたのは大名の分国法だけではない。前述した多胡辰敬の家訓もその一例であるが、村法の中にも、例えば永正十七年(一五二〇)の近江今堀の掟のように、博奕・諸勝負、博奕宿の禁制がいくつか見出されるのである(「今堀日吉神社文書」)。

このように、「諸悪の根源」とみなされた博奕の禁制もまた、古代以来、ほとんど超時代的といってもよいようにみえるが、しかしこの場合も、鎌倉期以前と戦国期以降とを比べてみると、単に刑の軽重があるというだけでない相違のあることは明らかである。

もちろん、前述したように、古代から中世前期にかけて、禁制を発した当の主体である天皇や貴族、あるいは将軍や執権が、一方でおおらかに博奕を認め、公然と自ら行っていることは、戦国期以降との大きな違いであるが、それだけにとどまらない。

## 博奕の盗みは「都鄙一同の例」

鎌倉幕府の訴訟制度の中に「懸物押書」といわれる制のあったことはよく知られている。訴訟に当って、自己の主張の正当であることを強調するため、自らの所領を賭物とし、万一敗訴したときは、これを相手方、あるいは第三者に去り渡すことを誓った押書を進めた制であり、幕府の側としては、これを濫訴の防止のために用い、また、北条泰時時代の成敗を「不易化」するために採用したことがあった(三浦周行「鎌倉時代の訴訟に於ける懸物押書の性質」、『法制史の研究』、石井良助『中世武家不動産訴訟法の研究』)。恐らくこれは、神判などに起源を持ち、当時、訴訟に当って在地にかなり広く行われてきた慣習に基づくものと思われるが、鎌倉後期以降、法令の上にも全く現われなくなる。これについてはなお今後、研究の余地が残っているが[10]、ここで注目しておきたい点は、この制規が賭物を前提としていることで、これはある意味では博奕そのものの容認にも通ずるということができよう。さきのような博奕に対するおおらかな態度や、乾元二年（一三〇三）の追加法（前掲、七〇九条）で博奕が軽罪に分類されていることなども、こうした幕府の姿勢に通ずるものがあるといってよいのではなかろうか。

さらにいえば、一方の見方からは盗賊の所業といわれた博奕を、積極的に肯定し、当然のこととする空気が、鎌倉・南北朝期、他方になお広くあったとも思われるのである。『新猿楽記』は博奕の道、博打の心がけとして「一心、二物、三手、四勢、五力、六論、七盗、八害」という言葉をあげており、これは『伊呂波字類抄』にも見出すことができる。江戸中期の儒者、新井白峨はこれを解説し「一心とは心を押柄に持也、二物とは金銭を沢山に持て一両負は弐両はり、五両負は十両はる事也、三上《(ママ)》とは上手に成事、四性《(ママ)》とは思ひ入をつよく、気性を丈夫にする事、五力とは余り負たる時は無理をいひて力だてにて勝事、六論とは口論して言まくり、向を駛《せか》せて競ひ取にする事、七盗とは人の目をくらまし盗む事、八害とは前の七ツを以てすれ共、負たる時は相手を切殺して取より外の仕方なし」と解している。

この解釈が正確かどうかは別としても、この「格言」が博奕の「道」の一つとして「盗」「害」をあげていることは間違いない。盗みも殺害も、博奕の「芸能」として、当然のこととされているのである。実際『藤葉栄衰記』には、無類の博奕上手の虚無僧に負けつづけ、ついに刀まで賭けて負けながら、渡すとみせて刀を抜き、僧を殺害した今泉伊豆の話がのせられている(宮武氏前掲書『賭博史』)。

これは時代が降ってからの逸話であるが、さきにあげた鷹尾社の大宮司と宮別当の相論に当って、正応三年(一二九〇)、紀元員が「博奕者悪党之根本也」といいながら、すぐにつづけて「博奕令負之時者、盗□□他人所持物、助衣食二事之条、都鄙一同之例也」とのべているのは、まさしく鎌倉期の例として注目しなくてはならない。博奕に負けたときに他人のものを盗むのは「都鄙一同の例」といわれているのであり、この文脈の中では博奕を批判するために引用されているが、それだけをとり上げてみれば、博奕に負けて盗みをするのはむしろ当然、と読むことができよう。

さきにのべた通り、博奕は悪党と不可分の関係にあった。しかし幕府のきびしい禁圧令にも拘らず、周知の通り、鎌倉末期から南北朝動乱期、悪党の動きはむしろ活発化する一方だったのである。悪党を支持し、ときにこれを「英雄視」さえする社会的風潮が、この時代、根強い力を持っていたことも事実として広く認められている。とすればこの風潮が、悪党の活動を鼓舞するとともに、博奕をそれと結びついた盗みや殺害と一緒に肯定する動きをも、公然と支えていたことは間違いなかろう。

もとより室町期以降も、こうした博奕に対する見方がすぐに消えたわけではない。さきにふれた『塵塚物語』の話からもうかがえるように、それは「徳政一揆」とも結びついて、社会の底流になお広く根を張っていたものと思われる。そして江戸時代になっても、少くとも博徒の世界には生きつづけていたであろう。

しかし、室町期に入れば、悪党の活動が退潮したことも一面の事実であり、博奕そのもの、さらには博打＝博徒のあり方も、前述した通り、多少とも変化しつつあった。戦国時代の博奕禁制の著しい強化は、こうした社会の変化を背景にしていたのであり、法の世界を見る限り、博奕は死罪に値する罪という見方が確立したのである。

江戸時代も後期になると、博奕に対する刑は次第に軽くなり、過料——罰金刑の方向に転化していくが、博奕をそれ自体罪と考える現代の一方の常識が、戦国期のころに直接の淵源を持つことは間違いないといってよかろう。そしてそれにも拘らず、いまや盗み・殺害にまではいたらぬまでも、多少の危険を伴うことを承知で——むしろそれ故に、博奕を楽しみ、熱中する庶民の他方の常識が、さきの底流とつながり、中世前期以前の公然たる博奕の肯定に源流があることも、また認められてよいのではあるまいか。

## 博奕による債務

博奕に関連して、もう一つ考えておかなくてはならないのは、博奕に伴って発生する債権・債務の問題である。

現行民法に基づく判例では、賭博によって発生する金銭の債務はもとより、賭博に負けた結果生じた他人の債務を弁済するために金融したときの債権もまた、賭博自体が「公ノ秩序又ハ善良ノ風俗ニ反スル」(民法第九十条)が故に、無効とされている。賭博がかなり公然と広く行われている現在、博奕に伴うこうした債権・債務の実態もかなり変っているものと思われるが、博奕を「公序良俗」違反とする現行法の立場が、かつての博奕=「諸悪の根源」的見方の流れを汲むことは間違いなかろう[11]。

では近代以前、こうした債権・債務はどのように扱われてきたのであろうか。

穂積陳重氏は、江戸時代、伊予の西条で、博奕に負けたものが訴え出れば、相手から勝った金を残らず取返させるという新法が、博奕抑制の手段として案出されたことを紹介しつつ、これは巧妙のようにみえて、じつは「不徳義を人民に教うるもの」として、きびしく批判している(『法窓夜話』)。また、石井良助氏もこの事実に補足を加え、幕府からも寛文四年(一六六四)、同趣旨の法令が出され、将軍吉宗も同じ法令案を考えていたことを指摘、これに対して専業の博徒がこうした訴えをするはずがない故、博奕の抑制には効果なしとした評定所の意見をあげ、この法令の効果を疑問とする(『新編江戸時代漫筆』上)。それはともあれ、こうした法令の発せられる根底に、博奕による負債は無効とする見方があったことは間違いなかろう。

しかしまた、その反面に、負債の弁済を当然のルールとする博徒の世界のあったことも、この経緯自体から明らかであるが、前述してきた状況からみて、それが時代を遡るとともに、社会の表面に公然と現われてくるであろうことは、十分に予想しうる。

例えば、嘉元四年（一三〇六）、大和国平野殿荘下司職を、河内国御家人高安金翅王太郎に博奕の賭物として打取られた曾歩々清重は、これを収公した東寺の預所を、むしろ金翅王太郎とともに荘から追い出したのである。ここには、博奕に所領を賭け、それを打ち取られることを当然とする姿勢があったとしなくてはなるまい。

もとより鎌倉期においても、博奕に田地所領を賭けることは、貞永元年（一二三二）十二月以前と推定される追加法（前掲、五四条）によって禁止され、賭物は没収されることになっており、実際、四一半打に田地を賭け、所領を収公された事例も『吾妻鏡』に見出されるのである（同、仁治二年（一二四一）四月廿五日条）。東寺の収公も、また同様の処置だったのであるが、結局、「悪党」として糺弾された清重が下司職を保持しつづけているところをみると、ここでは博奕の論理の方が通ったと考えなくてはなるまい（「東寺百合文書」ヨ函）。

また、建保四年（一二一六）二月、宇佐景輔は、祖父倫輔が松隅家房との雙六に負けて打ち入れた名田畠を、父道輔が数千疋の物を借り、祖父の了解の上で家房に渡し、請け出したにも拘らず、博奕好きの倫輔はまたまたこの田畠を光輔という人に雙六の懸物として打ち入れ、光輔がそれを知行しようとしたことを、不法として訴えている（「益永文書」）。しかし景輔はもとよりここで博奕の債務を無効としているのではなく、博奕のルールに従い、負債を弁済して請出し、自らの知行とした田畠を祖父が勝手に雙六に賭け、それを打ち取った光輔が知行した点を濫妨としているのであり、博奕の負債自体を不法とする論理はここには全く見られない。

その翌年、建保五年、左大史小槻広房は常陸国吉田社の造営用途料を、定使包安が雙六の負債の弁償に使ってしまったことを「博奕は公家殊に禁制あり」として糺弾しているが、その鉾先はむしろ「神物」を闕《か》いたことに向けられており、包安に賭物を「打取之輩」――博奕の相手を尋ね捜し、その物を糺返せよと命ずるにとどまっているのである（「吉田神社文書」）。

以上のほか、前述した平安・鎌倉期の事例を見るならば、この時期、博奕による負債の弁済、そのための借物は当然のこととする見方が、公然と一般的であったことは間違いないといってよかろう。それが江戸時代の状況と大きく違っていたことは確実であるが、つぎに掲げる史料は、この問題に関連する最も古く具体的な事例と思われる（「三条家本北山抄裏文書」、『平安遺文』二―三七六）。

大春日淑孝解　申請　検非違使庁裁事

請殊蒙　庁裁被糺返為櫟井永国被取領左近衛秦武重私□栗毛父馬壱疋愁状

右馬、以十一月上旬、依武重語所請預也、随則加労乗□之間、以彼月十五日相会河内前守景斎《〔済〕》朝臣私宅之□《〔刻カ〕》、永国申云、依舎兄内匠允菅原永頼示、先日雙六□《〔賭カ〕》物可辨事、已有其数、未致其物、然則以件乗馬□《〔可カ〕》辨牽云〻、淑孝答云、至于此馬、左近衛武重也、為□飼所請預也者、然而不理此詞、暗所取領也、仍触此由於武重先了、其後雖経数日、件永国無心□《〔返カ〕》度、方今案物情、博奕之道、縦雖可有其辨、□徴償者也、望請庁裁、被糺返件馬、省武重之責、仍注事状、以解

長徳四年十二月廿六日　　大春日「淑孝」

文書の下部が切断されたための闕字があるのと、前後の事情が全くわからないため、十分に意を取ることができないが、一応、つぎのように解釈してみることも可能であろう。

大春日淑孝は菅原永頼と雙六をして負け、弁済すべき賭物が残っていた。たまたま淑孝は秦武重から馬を預り飼っていたところ、景済の私宅で会った永頼の弟永国が、兄の意をうけ、淑孝が武重の馬だといったにも拘らず、その馬を取っていってしまったので、淑孝は武重の追及を逃れるため、この馬を返すよう永国に命じてほしい、と検非違使庁に訴えた[12]、と。

問題はこの文中に「方今案物情、博奕之道、縦雖可有其辨、□徴償者也」とある点で、こ

れは「博奕之道」という言葉の初見とみられるだけでなく、博奕の負債の返弁についての当時の慣習を示した文章と思われる。もしもこの闕字に否定の語、例えば「不」が入るならば、博奕の賭物については、当然弁済すべきものであっても、強引な方法で償わせるようなことをしないのが「博奕之道」である、と解することができよう。とすれば、これは、ここで淑孝が武重の馬を盗む結果となったように、博奕に伴っておこる盗み、さらには殺害を抑制する意味を持ってくることになろう。

この文書の解釈については、なお後考を俟つほかないが、淑孝がこの問題を検非違使庁に訴えていることからも明白なように、博奕の負債の弁済は通常の方法であれば当然と考えられており、しかもそれが公的にも認められていたことは疑う余地なしといってよかろう。

しかし、一方で博奕の禁制をきびしく執行し、博打を処刑している検非違使庁に、こうした訴が提起されたこと自体、不思議といえば不思議であり、これは古代から中世前期にかけて頻々と発せられた博奕禁止令がいかなる意味を持っていたのか、という問題を、あらためて提起しているといえよう(13)。これもたやすく解決し難い問題であるが、ともあれここでは、博奕に伴う債権・債務の公権力による扱い方が、少くとも鎌倉期以前と江戸時代以降とを比べると、明白に異っていたことを確認しておきたいと思う。

その変化の経緯を明らかにすることも今後の課題であり、未解決の問題は山積しているのであるが、最後に、これまでのべてきたような博奕、あるいは博奕打のあり方とその変化の意義について、当面、考えているところを提示し、結びとしたい。

## むすび――博奕の場の特質

万人によって楽しまれながら、「諸悪の源」として禁制される博奕のあり方は、一見、ほとんど超時代的といいうるが、しかしその歴史を辿ってみれば、大きくいくつかの時期に区切ることは可能である。その一つの転換期は、博戯・博奕禁制が文献に出現する古代以降と、それより前の原始的な社会との間に求めることができよう。人類史の当初に、なお神判・神託・占いなどと、遊戯とが未分化の状態を想定しうるのであるが[14]、これについて立ち入ることは、私の力をこえている。

つぎの時期区分は、ときに盗・殺の危険を伴う博奕を肯定し、博奕を「芸能」として公然と認める空気が、社会に広く見られた鎌倉期以前と、実態はともあれ、それが社会の表面から影をひそめる戦国期以降との間に、ぼんやりと引くことができる。それはやはり「民族史的次元」の転換と私は考えてみたいのであるが、こうした鎌倉期以前の博奕のあり方は、現在の常識からすると、到底、考え難いように見えるであろう。

しかし、この時期は一方で「大犯」とされた夜討が、武者の当然身につけるべき「芸能」であり（第7章「夜討ち」参照）、「山立」「山落」や「海賊」も、正当な行為とされるような一面を持っていたのである。一方から「悪」の根源とされた博奕を、積極的に肯定する他方の空気があっても当然であろう。

そして「夜討」が「夜」という世界、「山立」や「海賊」が山・海という場の特異な性格と不可分の関係にあったように、博奕に関わるこうした慣習も、「博奕」の行われる場の特質と切り離しては考えられない。実際、他の「芸能」についてもいえることであるが（拙稿「中世「芸能」の場とその特質」、『日本民俗文化大系』第七巻）、博奕はしばしば「野山中」（前掲、追加一〇〇条）で打たれ、また道や辻、河原、市場、そして寺社の境内、祭の日などを、その場としている（宮武氏前掲書『賭博史』）。江戸時代でも、浅草の鷲《おおとり》神社や千住の西の市では「路に所せまきまでに敷物や莚をしいて、丁半やチョボ一等の博奕場が一里ぐらい建て連なった」といわれているのである（石井氏前掲書『新編江戸時代漫筆』）。「無縁」の場において、博奕は公然と行われた。それだけではない。遊戯の場がすべてそうであるように、博奕自体、その行われている場と時とを、日常から切り離した「無縁」の場にしてしまうのである。

もとよりそこには身分の高下、男女の差はない。天皇でも博奕に負ければ、そのルールに従わなくてはならない（『水鏡』）。恐らくここでは、親子などの縁も切れていたのではあるまいか。この点はなお検討の余地は残っているが、すべての財物を打ち入れた人が、わが身そのものを相手に渡していること、前述した建保四年（一二一六）の事例（「益永文書」）のように、祖父の賭け取られた田畠を請出した孫が、祖父と関わりなくその田畠を知行している事実などは、そのことを物語っているように思われる。また、文明十六年（一四八四）四月、大和古市の「小坊」が、元興寺郷無縁堂の茶屋坊主の子に対し、「博奕銭」を催促したところ、弁じなかったので、父の坊主を責めたのに対し、父は「子ノ借物、親不存」として拒否した（『大乗院寺社雑事記』文明十六年（一四八四）四月廿一日条）[15]。これは借銭一般のあり方であるが、「博奕銭」を考える場合にも参考にすることはできよう。

もしもこのように、博奕の場でおこったことは、そこにいたものが処理するという原則のあったことが認められるなら、これは「無縁」の場の特質といってもよかろう。狭義の芸能、祭、あるいは飛礫の場は、みな同じ性質を持っていたので（拙稿「中世の飛礫について」、『民衆史研究』二三号）、博奕の場で盗・殺がありうることとされた理由も、この辺から考えてみることができよう。

しかし博奕の場合、その時が終って俗世界に戻ってからも、その場で負けたものについては借銭が追及されつづける。しかもそれがルールの実現という単純かつ徹底した追及であったが故に、他人の物の盗み、刃傷・殺害もおこったのである。このように、特異な性格の場できまったことが、その後の俗世間での生活を規制してくる点で、博奕は瀬田勝哉氏の明らかにした鬮とよく似ている（「「鬮取」についての覚書」、『武蔵大学人文学会雑誌』一三－四）。

瀬田氏は鬮の場には身分階層の高下を問わず加わることができるし、その結果も同様であったことを指摘しつつ、「鬮には日常的関係を超越するような原理、つまり有縁のものを無縁に、不平等なものを平等にする力が孕まれていた」とするが、博奕の場合も全く同じであったといってよい。鬮の一種である「富鬮」が博奕とみなされた点からみても、両者の本質に通ずるもののあることは明らかといえよう。そして鬮の結果が、そこに加わった人に有無をいわさぬ規制力があったのと同様に、博奕の結果も、その場に立った人に対して、否応のないきびしい強制力を持っていたのである。

しかしなんらかの意志決定の方法として使われ、その点で俗世間を規制するだけの鬮と異って、博奕の場合は出発点から賭物—財貨の授受を前提としており、しかもその結果につい て強い規制力を持っているが故に、盗・殺をすら惹起したのであり、その俗世間への影響は甚大なものがあった。まさしくそれは、「無縁」の場の力の、「有縁」の世界への否応なしの強引な乱入にほかならなかったのであり、俗世間の秩序を大きく混乱させる可能性を持っていた。博奕がその方面、「有縁」の秩序を整え、維持しようとする支配者、権力者から、蛇蝎の如く、また「癌」の如く、忌み嫌われた理由はそこにある。さきにもふれた通り、戦国期の分国法における「博奕宿」に対する嫌悪、宿主に対する処罰のきびしさは著しいものがあるが、これも同じ理由によると思われる。博奕の行われる場は、こうした権力者にとって、許し難い異質なものだったのであり、根絶させる必要があったのではなかろうか。

瀬田氏はまた「現世的関係を超越し、人を無縁かつ平等にする鬮の力が、神仏によって付与されたものであったことはまちがいない」と断じている。さきにもふれたように、博奕についても同様のことがいえるであろう。博奕の結果の持つ強制力は、本来、そうしたところに根を持っていたのではあるまいか。いまも生きつづける博徒の世界に古風な「敬神」が生き残っていること、江戸時代、寺社の勧進のための富鬮は公許され、祭のさいの博奕が黙認されたことも、博奕と神仏との関わりの深さを物語っている。

そして元久二年（一二〇五）十月、法然の専修念仏を糾弾した興福寺奏状は「専修云、囲碁雙六不乖専修、女犯肉食不妨往生」と、はげしい非難をあびせかけている。法然自身が博奕を肯定した発言をしたかどうかは別としても、神に祈りを捧げつつ「真摯」に賽を打ちこむ博打の姿に、民衆の心の真実を見出す人が現われたとしても決して不自然ではない。親鸞の「悪人正機」の主張は、まさしくその延長上にあるといってもよいのではなかろうか。

執拗な禁制と残酷な処罰は、こうした見方を一応社会の裏面に追いやることに成功したかにみえる。博奕の「職人」も、表面は別の生業に携わる姿を見せるようになってきた。しかし博奕禁制ほど、表は仰々しく内実は実効を伴わぬ法令はない、という事実を考えれば、権力の強圧は博奕を隠微な世界に追いやっただけであり、さきのような博奕のあり方の転換をもたらした真の動因は、やはり庶民の生活そのものの転換に求められなくてはなるまい。最初にふれた通り、ほとんどすべての人々が偶然の勝負を楽しんでいるという現代の現実が、そのことを証明している。

増川氏は賭博の公認は世界の趨勢といっているが（増川氏前掲書『賭博』Ⅱ）、たしかに権力の力によることなく、人類が自らの力で博奕を統御しうるようになるのも、決して遠いことではなかろう。

ただ以上にのべてきたことは、なお史料の裏づけに乏しく、思いつきにとどまる点が多い。きびしい大方の御批判をお願いしたいと思う。

（1）　博奕を、財物を賭ける賭博に限定すれば、その成立は私有財産の成立以後ということになろうが、生命を賭けることは、それ以前にもありえたであろう。

（2）　『今昔物語集』には、清水寺への二千度詣を賭け取って富貴になった男の話（巻第十六第三十七）があり、『古今著聞集』にも、博奕で五百文を三十貫文にした「貧しき恪勤者」の話（巻第十二博奕第十八）がみられる。こうした事例は枚挙に遑《いとま》ないといってよかろう。

（3）　佐藤進一・池内義資編『中世法制史料集』第一巻「鎌倉幕府法」、追加二三三条。同三九四条にも「囲碁象碁者非制限」とある。

（4）　これについては、勝俣鎮夫氏の御教示による。

（5）　「東北院歌合」では、医師と陰陽師、鍛冶と番匠が、その流布本では桂女と大原人（女）とが対にされているほか、職人歌合のすべてに共通している。

（6）　巫女は流布本では盲目と対にされている。

（7）　これは唐律を継受したものであるが、博奕の宿主に対する処罰、博奕と盗みとを同一視する見方は、すでにここに現われている。

（8）例えば『神護寺文書』元暦二年（一一八五）正月十九日、僧文覚起請文、『海龍王寺文書』貞永元年（一二三二）五月日、海龍王寺制規など、その事例は多い。
（9）博奕を盗に准ずるとした律の見方は、この「板倉氏新式目」の見方に通ずるとも考えられる。
（10）ホイジンガ前掲書『ホモ・ルーデンス』、第四章「遊戯と法律」の「裁判と賭け」によれば、訴訟に当って賭けの〈質〉をおくことは、西欧においても広く行われていた。
（11）この点については、同僚吉井蒼生夫氏より、種々、御教示を得た。厚く謝意を表する。
（12）あるいは、永国と淑孝との間の問題で、兄永頼が弟に示唆を与えたとも解しうる。
（13）古代から中世にかけての殺生禁断令のような一面もたしかにあると思われるが、これよりも実質があることは確実である。
（14）ホイジンガ前掲書『ホモ・ルーデンス』には、こうした状態を示唆する記述が各所に見出される。
（15）この史料は笠松氏の御教示による。

# 9

# 未進と身代

網野善彦

限りある所当公事を対捍するの時、その弁を致さしめんがため、身代《みのしろ》を取らしむるの条、定法なり。

## 未進の〝罪〟

建長五年（一二五三）十月一日、「諸国郡郷庄園地頭代」に対し、鎌倉幕府の発した法令――将軍宗尊親王を迎え、「政道」に基づく「撫民の計」を徹底させようとする執権時頼の政権の施政方針をよく示す十三ヵ条の法令の第六条「土民の身代を取り流す事」（『中世法制史料集』第一巻、追加二八七条）は、まずこのようにのべている。

わずかな未進や小さな咎を理由に、身代を取り流してはならぬ。たとえ年月を経ていても、土民が負物を償い、身代を請け出すことを希望したときは、必ず返し与えよ。身代の父や主の百姓に弁償する力がなく、質流れにすると申し出たときでも、身代の直がどのくらいになるのかを近郷の地頭代と相談し、直物を百姓に与え、放文（主が身代との関係を絶ち切り、手放す意志を明らかにした文書）を取った上で、はじめて身代をわがものとするようにせよ等々。地頭代が恣《ほしいまま》に百姓から身代をとることを抑制するのがこの法の趣旨であり、「撫民」の施策がそこに現われていることはたしかであるが、しかし百姓が所当公事を未進したとき、その〝罪〟を償うために身代を地頭代に引渡すこと自体は、当然のこととされていたのである。

そしてこの法令によっても明らかなように、それは負債による人身の質入ととらえられているのであり、年貢未進によって取り流された身代は、いわば債務奴隷であったとみなくてはならない。戦国期、未進が借銭・借米と同じようにとらえられていたことについては、勝俣鎮夫氏などの指摘があるが、それは鎌倉期でも全く同じであった。

さらに未進の〝罪〟に関わるもう一つの問題は、身代をとるのが年貢・公事の収取権者である荘園・公領の支配者＝本所・領家ではなく、地頭代、あるいは地頭自身、預所あるいは預所代など、実際に現地で年貢・公事の収取に当る人であったという点である。例えば、伊予国弓削島荘では、預所が年貢未済に対して百姓から身代をとっているが（『日本塩業大系』史料篇、古代中世㈠、伊予国弓削島荘関係史料一三二号、永仁四年（一二九六）五月十八日、関東下知状の第十条、参照）、もとより領家である東寺供僧がそれをとったわけではない。

なぜ、未進は債務になるのか。また、なぜそこで、預所・地頭、代官が債権者として現われるのか。この問題を解くことは、年貢・公事徴収の実態、さらには年貢の本質そのものを明らかにする道をひらくことにもなろう。以下この点について、最近気づいたことを二、三のべてみたい。

## 「塩手米」

つぎに掲げる文書は、近年、公開された「東寺百合文書」（京都府立総合資料館所蔵〔現在は京都府立京都学・歴彩館所蔵〕）の中の、いわゆる「新史料」（「東寺百合文書」ル函、五号㈠）の一点である。[1]

「□□《端裏書》くし《串》□　□お□□《かけ》ちやう」

申請　塩手米事
　合参斗伍升者
右、件米ハ代塩肆石ニ所申請実也、件塩ハ明年六月の内ニ、けたい《解怠》なくわきまゑまらせ《い脱》候へく候、もしかの塩、六月おすき《過》候はゝ、年十四になり候あさな《字》をといぬと申候をなこ《女子》この候を、とりなかされ《取流》まいらせ候へく候、いかなる人の御りやうしやうゑん《荘園》、いかなる人のみ□の□□、いかなるけんもんせいけ《権門勢家》ニにけこもりて候とん、□《か》のをといぬと申むすめをハ、みあい《見合》ニとりなかされまいらせ候へく候、いかな□《る》人のさまたけお申候とん、さらにもんてもちいへからす候、このせうもんにつくへく候、仍為後日沙汰証文之状如件
　文永六年十一月四日　守清在判

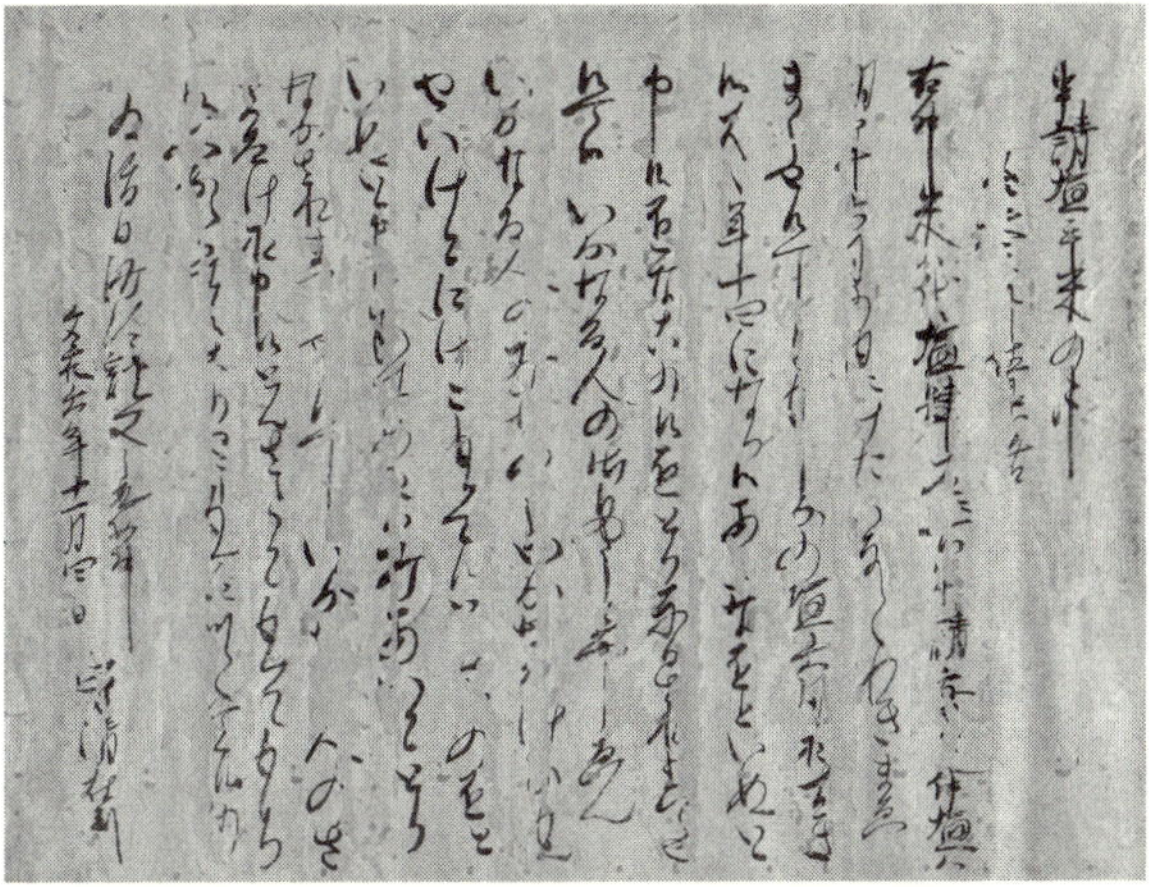

「東寺百合文書」ル函、五号(一)（京都府立京都学・歴彩館蔵）

これは、塩を年貢とする荘園としてよく知られた、さきの弓削島荘の南部、串方の百姓守清の塩手米請文の案文（図版参照）であり、守清は東寺から下って年貢等の収納に当った定使から、米三斗五升をうけとり、その代として翌年六月までに塩四石を返済することとし、もし返済できなかったときには、十四歳になる女子を身代として取り流されてもよい、と約束している。請文の形をとってはいるが、この文書は女子を質物とした米三斗五升の借書であるといってもよかろう。

　しかしこの文書は単独で東寺に伝来しているわけではない。じつはこの文書につづいて、全く同性質の文書三通――煩をいとわず列挙すれば、文永六年（一二六九）十一月卅日、平宗弘麦手米請文案（米五斗に対し、翌年六月までに麦一石五斗返済）、同年十二月四日、藤原忠宗・まさけの家守連署銭手米請文案（米五斗に対し、翌年七月中に銭一貫文を返済、七月を過ぎれば、毎月百文別七文の利を加え、年内に返済）、同年十二月廿日、南□光守銭手米請文案（米一斗三升に対し銭三百文を返済、条件は前文書と同じ）など、いずれも約束を履行できなかったときには、いかなる所でも「見合に高質を取流され」てもよいという担保文言（後述）を付した証文三通が貼りつがれており、さらに翌文永七年（一二七〇）二月三日付の定使によって記された年貢米納帳、同日付の同じく定使の作成した年貢米塩手日記ともいうべき文書二通がつながれ、六通一巻の形で伝わっているのである（「東寺百合文書」ル函、五号㈡～㈥、『日本塩業大系』史料編、古代中世㈠補遺、補九号）。

それ故、さきに掲げた文書の意味は、この六通を全体としてとらえることによって、はじめて明らかになってくる。やや煩雑になるが、この一巻の文書の成立する経緯を辿ると、おおよそ以下のようになろう。

文永六年（一二六九）の秋、年貢収納のために島に下った定使は、十月二十二日、十一月二日に、百姓たちから二石一斗一升六合の年貢を徴収した。そのうち一石九斗七升を、定使は百姓たちからさきのような証文をとりつつ、つぎつぎに下行、文永七年二月までにそれを終了して、年貢の納入状況を記した納帳と、下行―貸付の明細を書き上げた「塩手下日記」

を作成し、それを証明するために百姓の証文の案文を付け、一巻に仕立てて東寺に送ったのである。

その結果、年貢米のうち、一石九斗七升は十二件の百姓への貸付[2]を通じて、翌年七月までに塩八石七斗、銭一貫三百文、麦一石五斗として返済されることとなり[3]、のこる一斗四升六合は定使の手で、この島特有の「躭」という方式——やはり米を下して塩を焼かせる方式のために使用された。百姓の請文の正文は、定使の手元にとどめられており[4]、百姓が約束の期限までに返済しなかったとき、つまり未進したときには、定使はそれに基づいて、容赦なく身代等をとりたてたであろう。

このようにして年貢塩が徴収されたのは、もちろんこの年のことだけではなかった。弓削島が東寺領となってからまもなくの建長七年（一二五五）、代官・公文が注進した田畠所当散用状（年貢米、所当麦の決算書）（前掲『日本塩業大系』二七号）によると、この年の年貢米六石余のうち、さきの定使の「躭」と同じく、二石四斗の「大躭」（同上、通史篇、原始古代中世、参照）を除き、残りの三石六斗余のすべてが塩手米として下され、麦二十六石余も全部が塩手麦に支出され、結局、百三十六石余の塩にかえられているのであり、この方式は島が国衙領であった平安後期までは確実に遡るものと思われる。

未進が負債となり、代官・定使が債権者となる経緯の一つは、以上によって一応明らかになったと思うが、しかしここにのべた事実の中には、なおさまざまな問題が含まれている。

## 交易と「手」

弓削島では交易畠《かわし》が百姓名のそれぞれに均等に付されていた。また文治五年（一一八九）の検注目録をみると、所当麦三十一石のうち十九石が交易のために下行されている（前掲『日本塩業大系』一六・一七号）。これまで年貢塩の貢進は、こうした交易によって行われたと考えられてきたのである。

しかし、このような麦の下行が交易ならば、さきのような米・麦の貸付による年貢塩の徴収こそ、まさしく交易の実態を示すといわなくてはならない。ただ、市庭での即決的な交換でなく、半年ほどの期間をおいた交換であるため、貸借の形をとっているにすぎないのである。中世における交易の多くは、恐らくこうした形態で行われたのであろう。

すでに別の機会に言及したように（『日本中世の民衆像』岩波新書）、中世の年貢は決して米だけではなかった。「藪沢の土宜（その土地の特産物）をもって」「年貢の勤」（『九条家文書』二、三二〇号、延久三年（一〇七一）六月廿四日、太政官符）をするとか、「山野林の所出をもって、御年貢に備う」（「兼仲卿記弘安六年冬巻紙背文書」年月日未詳、安芸国飯室村雑掌申状）とかいわれたように、多様な非水田的な生産物——絹・綿・布から鉄・銅・金、さらには馬や牛までが年貢となったのである。ただそれは水田に賦課される形態をとっており、当然そこになんらかの交易が行われたことが予想されていたのであるが、その交易の実態が、この弓削島の事例のようなものだったことは、推測してほぼ間違いないと思われる。

興味深いことは、そこで交易された米・麦・塩などが、塩手米・銭手米・麦手米・塩手麦のように「手」という語を間において表わされている点である。同じような例は、「有浦文書」建長六年（一二五四）五月八日、源淳《とどむ》借状にも見出しうるので、淳は「人手銭」七貫文を秋武在高から借り、六月までに二十歳と十九歳の二人の女童を渡すことを約束している。これも人身を質入した借銭の形をとった銭と人との交易であった。

この場合の「手」の意味は、「代《しろ》」とほぼ同じであろうが、ただ、弓削島で塩手麦を麦代塩といいかえた事例のあることも見逃すわけにはいかない（前掲『日本塩業大系』五三号）。交易される物が逆になっているのである。山手塩・山手炭なども同様の「手」の用例であるが、とするとこの場合、塩・炭などを渡してから山を使用したことになろう。河手・関手・市手なども、下に銭・米などの語が略された形で、それを先に支払って河や関を通り、市に加わったと解することができる。草手・酒手なども、もとよりこれと同じである。

こうした「手」の用法が、きわめて古い時代まで遡ることについては、すでに折口信夫氏が指摘している。『万葉集辞典』で、折口氏は「て」に「價」という字を当て、「拷のたへを約めて、てと言うたのだらう。物品交易が進んで、貨幣の代りに布を以てした時代の遺風かと思ふ」と説明しており、また『万葉集』のノートでは、「足代過而」を「あで過ぎて」と訓じ「足代の代《て》は価で物の値段・交換価格をいう」とし、「代者曾無」（てはかつてなし）の代《て》についても、代価、代りのものといっているのである（『折口信夫全集』第六巻、ノート編第十巻・第十一巻）。『岩波古語辞典』も「代りの働きをするもの」と称して、「杳手鳥《ほととぎす》」の例をあげ、『万葉集』の歌で、テの仮名として「価」「直」を使った用法をあげている。

　これらの指摘はまことに的確であるが、ただ、さきにのべたように、中世においては「代」と「手」の用法に微妙な違いがみられることや、「て」に専ら「手」の字が当てられたことを考えると、折口氏の「たへ」から「て」への変化という解釈を、まことに鋭い見方と思いつつも、なお若干の落着かぬ感が残るのである。むしろ西欧においても、交易・商業と人間の手の働きとが関わりのあったことを参照しつつ、この「て」も、もともと人間の手そのものと関係があったと考えてもよいのではないか、という推測が抑え難くわいてくるのであるが、所詮、一音節の語であり、その証明はほとんど不可能といわざるをえない。

　それはともあれ、年貢の徴収が貸借・交易の形で行われた事実を通して、未進の〝罪〟の一端を明らかにした、とさきにのべたが、肝心の問題がなお残っている。この弓削島の事例は、非水田的生産物が年貢となった場合であり、米年貢の場合にはどうだったのか。弓削島自体についても塩と交易された年貢米そのものはいかに徴収されたのか。そのことを明らかにしなければ、完全な解答にはならぬといえよう。

　そのことを考えるための手懸りは、しかしさきの事例そのものの中に見出すことができる。米の下行による塩の徴収は、秋に米を貸付け、翌年夏に若干の利をつけて塩を収取する出挙の一形態とみることもできよう。もともと出挙は、周知のように、春に種籾を貸付けて、秋に利息をつけて返還させる方式であるが、古代だけでなく、じつは米年貢の徴収に当って、中世でも出挙が広範に行われていたのである。

## 出挙・利銭

無力の百姓等、出挙・利銭等を取請けて農料となし、勧農の業を遂げ、自ら御年貢を備進せしむるの営の外、他事なく候の処、非分の用途を弁ずべきの由、仰せ下さるるの条、不便の次第なり。

暦応五年（一三四二）三月、臨時の用途を賦課された若狭国太良荘の百姓等は、その申状（「東寺百合文書」ヌ函、五六号）でこのようにのべて、東寺に抗議している。これはすでによく知られた史料であるが、その実情を示す文書——これまた「東寺百合文書」中の新史料をつぎに掲げる（同上、ハ函、二七号㈡）。

申うくる御すこ《（出挙）》のもみ《（籾）》の事

合壱石弐斗者

右、件のもミハらいあきの時五わ《（把）》のりふん《（利分）》をくわへて、けたい《（懈怠）》なくさたしまいらせ候へく候、もし十月ちうをすき候ハヽ、いちつろし《（市津路次）》けんもんせいけ《（権門勢家）》の御りやうをきらハす、ミあい《（見合）》のかうしち《（高質）》をとられまいらせ候へく候、たとい御とくせい《（徳政）》候とも、いさゝか□しさいを申ましく候、よて後日のためにせう□《〔文〕》の状如件

観応参年みつのへたつ　四月三日

にうのにし《（丹生西）》のこんのすけ《（権介）》

丹生西の権介は真良といい、太良荘の真利半名―真村名の名主である（網野『中世荘園の様相』第二章第四節三参照）。真良はここで一石二斗の出挙籾を、五割の利息をつけて十月に返済することを約束し、さきにもふれたきびしい担保文言と徳政文言を付けてこの証文を書いたのである。

真良はこのころ大変窮迫していたらしい。すでに前年九月に一反の「土田《つちだ》」の作毛を、三十歳の男子を質として五年の年期で弐貫文に売った真良は、出挙籾を借りたのと同じ日に、やはり若干の田を九歳になる娘の若鶴女を質に入れて売り、さらに二日後の四月四日、二反の「土田」の作毛を二十七歳の女子を質に十年期に売って四貫文を手に入れ、五月十七日に

は利銭三百文を月別に百文につき五文の利を加え、十月中返済の約束で借りている（「東寺百合文書」ハ函、二七号(一)(三)(四)(六)）。そしてこれらの米銭を真良に貸し、作毛を買ったのは、当時、太良荘を支配していた河崎信成の代官世木与一であった。真良がその後いかなる運命を辿ったかはのちにみるとして、これが代官による出挙・利銭貸付の実態を物語っていることは間違いあるまい。

　ともあれ権介真良は、春にこうした出挙・利銭を請けて、はじめて田畠の耕作にとりかかりえたのであり、それは年貢納入とともに秋に返済されなくてはならなかった。もしもその約束を違え、未進したならば、真良は直ちに、さきのような身代を何人も代官に渡さざるをえなかったのである。

　もとよりこれは若狭だけのことではない。金沢文庫所蔵「初非中後裏文書」の鎌倉末期の「万福寺百姓等申状案」（『神奈川県史』資料編2、古代中世(2)、二九〇八号）は、「ことしのけかつ《（飢渇）》ニいのちをたすかり、たね《（種子）》をりせんすつこ《（利銭出挙）》ニとり候て、田畠あらし候ハしと存候て、かうさくつかまつり候ところニ」とのべて、堤用途の賦課を歎き、「ひやくしやうら、妻子のわかれをし候」とも言っている。利銭・出挙が種子などのためであったこと、それが未済になったとき、妻子を捨てて逃散することが予想される事態だったことを、この百姓の発言はよく物語っている。

　また、地頭と郡司の関係ではあるが、薩摩国谷山郡山田・上別符両村地頭大隅宗久と同郡々司谷山資忠の相論を裁許した、正安二年（一三〇〇）七月二日の鎮西下知状（「山田文書」、『鎌倉幕府裁許状集』下、鎮西裁許状一三号）には「年貢未済の事、或は出挙と号し、或は借米と称し、借用せしめ畢ぬ」とあり、未進が出挙・借銭に転化される場合のあったことを、端的に示している。

米年貢の徴収に当って、未進が借米・借銭となり、代官が百姓から身代をとりえた根拠は、まさしくこうした出挙・利銭にあった。それはさきの年貢塩の場合と、基本的に同じ理由にもとづいていたといわなくてはならない。

前述した事例によって明らかなように、出挙・利銭を請けた百姓は、それを種子・農料として耕作を行った。とすると、これまで領主制支配の根幹とされた「勧農」、その要の意味を持つといわれた種子・農料の領主による下行は、それ自体、出挙として貸付られたと見るのが最も自然であろう（出挙については見解を異にするが、勧農に関しては、山本隆志「鎌倉時代の勧農と荘園制支配」、『歴史学研究』四四〇、参照）。

中世前期、いわゆる在地領主——預所・地頭やその代官たちは、春にこうした出挙を下行することによって、浪人を招きよせ、百姓を耕作に向わせて、秋に年貢を徴収したのであり、それを未進した百姓から身代をとることは、それ故に当然の「定法」として認められたのである。

しかしその反面、預所・地頭・代官たちは、そうした出挙の支出にたえうる財力を保持していなくてはならなかった。地頭がしばしば山僧・借上などの金融業者を代官とし、荘園支配者が富裕な預所・代官を選んだ理由の一つはそこにある。その意味で、荘園・公領における年貢徴収は、本質的に富力・武力を持つ人による請負の性格を持っていたといわなくてはならない。

こうした代官による出挙・利銭の貸付、年貢の請負・代納は、戸田芳実氏が明らかにした古代の「富豪層」のあり方に（『日本領主制成立史の研究』）、その直接の源流を持つといえよう。そして石母田正氏のいうように、その根はさらに大化以前の首長制にまで遡りうる（『日本の古代国家』）。

逆に、藤木久志氏が詳細に解明した（『戦国社会史論』Ⅰ、第一章）、戦国期の領主支配における出挙・利銭の機能の大きさが、その全面的な展開であることも間違いなかろう。とすると、中世の荘園公領制、在地領主制の基底を支えていたのは、まさしくこうした出挙・利銭や前述した交易ということになる。

もとより、このような代官たちの財力に依存しなくてはならなかった点に、当時の農民の劣弱かつ隷属的な立場を見出すことは可能である。しかしさきの証文によっても明らかなように、それはやはり一個の貸借契約であった。その契約を守りさえすれば、未進さえしなければ、百姓は「自由」だったのである。預所・地頭・代官と「自由民」である百姓―平民との間に結ばれるこうした関係に、いかなる規定を与えるべきか。これは決してたやすい問題ではない。いまはさらに先に進み、契約を履行できなかった百姓の辿る運命について、若干言及するにとどめておきたい。

## 高質とアジール

前述したように、弓削島荘の百姓請文にも、また太良荘の権介真良の諸証文にも、契約に違犯したときは、身代を取流されてもよい、またいかなるところで「見合に高質」をとられても異存はない、ときびしい担保文言が記されていた。

この「高質」については、すでに石井良助氏が的確に解明したように（「古法制雑考(一)」、『国家学会雑誌』五一―六）、動産の私的差押であった。そして、なんらかの賦課に対し、それを拒否、抵抗する百姓の家内に、支配者が使を乱入させ、「高質」を取る行為が、しばしば非難されている点（「東寺百合文書」ヱ函、建武元年〈一三三四〉六月二十六日、若狭国太良庄百姓等申状）からみて、債務額をこえる差押物にその原義があるとする石井氏の推定も、また恐らくは正確であろう。いわば本来、不法とされた質取行為も百姓は認めているので、子供や下人などを質入していない場合は、その百姓本人が質物として差押えられることとなったのである。

さらに、文永の請文では「いかなる人の御領荘園」「いかなる権門勢家」、観応の証文では「市津路次権門勢家の御領」、またしばしば「神社仏寺領」などにおいても、質取を認めるという文言が、そこに付されている。これについてはすでに小田雄三氏が興味深い労作「路次狼藉について」(『年報中世史研究』六号)において詳述した通り、本来、差押が不法とされる場所における質取を認めた文言であり、ここにつけ加えることはほとんどない。文永の請文が端的に物語っているように、それは身代の「逃籠」に関わる文言でもあったわけで、まさしく「境を越」して逃亡した場合でも、質人は見つけ次第、差押えられたのであった。中世の百姓が、このように一歩誤れば直ちに債務奴隷に転落する危険の真只中で生活していたことを、われわれは知らなくてはならない。

とはいえ、このような文言が定形化して用いられたことは、逆にこうした身代—下人の逃亡が頻々と行われたことを物語っているともいえよう。そして逃亡した下人が「逃籠」った場所については、やはり阿部謹也氏のいうアジールの思想、私流にいえば「無縁」の原理に関わる問題を考えておく必要がある。「市津路次」については、すでに小田氏が注目している通りであり、また笠松宏至氏が将軍の御料所に、一種のアジール的な要素を考えているように(『大山村史』史料編第五六〇号文書」、『月刊歴史』九号)、権門勢家領、仏神領にもそうした性格があったことは間違いないと思われる。さらに境をこえた他領についても、私は同じように考えてよいと思う。たとえそれが束の間であったとしても、またのたれ死の危険は大であったとしても、逃亡した身代は境をこえたとき、主から「自由」になりえたのである。そこに、人間の自由への希求がいかに本源的なものであったかを物語る証を見出すのは誤りであろうか。

注目すべきは、時代の経過とともに、こうした担保文言にも変化が見られる点で、「いかなる人の御領」のような一般的な言葉は消え、鎌倉末期ごろから市津路次、仏神領など、かなり限定された性格の場所が現われてくる。権門勢家領にしても、恐らく禁裏・院・摂関家・将軍家などの料所に限られていったのではなかろうか。

他領はもとより、こうした場にしても、なお直ちにアジールそのものとはいえないであろうが、しかしそこに無縁の場としての特質、アジール的な性格がより一層鮮明になってきたことは間違いない。そして戦国期に入り、市庭や特定の寺社に即して法的に保証されたアジールが現われる。次第に狭められつつも深化してゆく無縁の原理、アジールの思想の自覚化の過程をここに見出すことができる、と私は考える。

## 代官糺弾の一揆

中世社会の根底では、このようにきびしい隷属と、それに対する抵抗とがせめぎあっていた。しかしもとよりその抵抗は、下人の逃亡のような個別的な形でのみ現われたわけではない。そのことを、さきの太良荘の権介の事例（以下の経過については、網野前掲書『中世荘園の様相』参照）に即してのべて、むすびとしたい。

権介真良は多額な出挙・利銭を負ったまま死んだ。そしてそのあとをうけついだ弟の平四郎は「盗犯の罪科」によって荘内を追放され、名田は没収、住宅も代官に押えられ、若鶴女もその手に渡ったものと思われる。恐らく兄の負債を平四郎は返し切れなかったのであろう。平四郎のその後の行方はわからない。

代官世木は没収した名田をその家人府中右馬四郎に与えたが、太良荘の百姓たちはこれをそのままにしておかなかった。文和三年（一三五四）、法阿ほか三人の百姓たちは真利半名を質に、利銭二貫文を世木から借りた（「東寺百合文書」ハ函、一一七号㊄）。恐らく真良・平四郎の負債の肩がわりをしたのであろう。

そして法阿はこの利銭を返却、府中右馬四郎から、自分の借書及び真良の証文五通をとり返し、若鶴女も請出して、真利半名＝真村名の名主に補任された。これに対し、世木にかわって代官となった宮川氏が介入、複雑な対立がもつれた結果、法阿を中心とした惣百姓は延文三年（一三五八）、宮川の非法十六ヵ条をあげて一揆、宮川の罷免に成功する。その後、法阿よりも宮川を頼んだ若鶴女、真良の姉観音女の訴えを却け、法阿はともあれその主張を貫き、この名を自らの手――荘内の百姓の手に確保した(5)。

このように、出挙・利銭を返済できずに未進する百姓の負債を、別の百姓、あるいは惣百姓が代って引受ける事例は、鎌倉末・南北朝期に入ると、太良荘において、しばしば見出すことができる。それは未進、ひいては年貢の百姓請にほかならないので、その結果、矛盾の一部が百姓内部に転嫁させられることにもなるのであるが、しかし、出挙・利銭を追及する代官の行動がある限度を越えたとき、百姓たちは内部の矛盾を克服して一揆し、これを罷免させているのである。室町期の土一揆もまた、その発展した姿にほかならない。そしてそれが借銭・借米の破棄、徳政を要求し、代官を攻撃した理由も、このように考えてくれば、なんの不自然もなく理解しうるであろう。

百姓にとって、年貢の負担は履行しなくてはならない義務であったが、しかしそれは徴収に当る代官との一種の「契約」でもあったのである。未進の〝罪〟は、まさしく直接的にはその契約違反に関わって生ずる〝罪〟であり、その限りで「自由」なものの当然負わなくてはならぬ〝罪〟と百姓に意識されていたに違いない。それが「定法」といわれた理由はそこにある。そしてまた、それ故にこそ、ときに百姓は代官の〝契約違反〟を堂々と追及する権利を行使しえたのである。百姓を在地領主――地頭・預所・代官等の隷属民と見る見方は、その意味で、やはり事の一面しかとらえていないと私は考える。

ではしかし、なぜ百姓は年貢の負担そのものを〝義務〟と意識したのか。自らを質に入れる危険までおかして「土宜」「山野林の所出物」を本所・領家に貢進する百姓の意識はどこから生ずるのか。それが荘園・公領の土地に対する本所・領家等の支配にもとづくことはいうまでもないが、多くの非水田的生産物が年貢となりえた事実を考慮するならば、それを直ちに「地代」と規定することに、私は躊躇せざるをえない。たしかに荘園支配者の下におかれた田地を耕作しているが故に、百姓は年貢を弁ずるのであるが、それは田地そのものから生産される生産物ではなく、むしろ「土宜」――その土地の特産物でなくてはならなかったのだから。そこには、はるかに古く「大地」と関わりつつ神に「土宜」を捧げ、共同体の倉に産物を納め、また首長に貢納物を献じ、律令制下、餓死の危険の真直中にありながら、遠い都まで調庸を運んだ百姓の意識が、なお脈々と生きつづけているといわなくてはなるまい。代官を糺弾する百姓たちが、しばしば荘園支配者の支えを求めつづけた根拠も、そこに求めることができる。

また、坪井洋文氏の御教示によると、種籾をまつる神事は、現在も宮座の神事の中心であるという。出挙の証文が「把」「籾」などの古い形を残している点からも明らかなように、種籾の出挙は単なる貸借ではなかったのである。それが中世の支配隷属関係の中でいかなる機能を持っていたかは、今後さらに追究されなくてはなるまい。

私の郷里では、戦前、小作料を「御年貢」といっていた。寄生地主制下の小作料を封建地代と規定していたにせよ、資本制的地代とみたにせよ、戦後の農地改革はそれを廃棄し、土地は農民のものとなった。しかしその農村の、現在の恐るべき荒廃の進行を見るとき、私はあの改革が、果してこの「御年貢」の意識まで本当に変革しえたのかどうか、あらためて問い直さざるをえない。われわれの前にある課題はまことに重いといえよう。

（1）　この文書を知る手懸りを与えて下さった小島道裕氏、文書閲覧に当って便宜を与えられた橋本初子・

富田正弘両氏に、この機会をかり、厚く謝意を表する。

（2）二人の百姓に貸付けた場合もあり、また三升の場合は代物のない下行である。請文はたとえ三升の貸付については書かれなかったとしても、八通はあったはずで、現存する四通以外は失われたのであろう。

（3）麦・銭が入ってくる理由は明らかでないが、これは代官自身の手で、塩に代えて、東寺に送進されたであろう。

（4）請文は稚拙な仮名で書かれており、あるいは百姓が正文・案文二通を書いたのではないかと思われる。これは百姓の識字率を考える上でも重要な事実で、このような請文がいつごろから書かれたか、また文書とされない場合にはどのような方式が行われたか、今後さらに追究されなくてはならない。

（5）権介の証文と法阿等の借書の案文は、一巻に記され、恐らくこの相論の過程で東寺に送られ、「東寺百合文書」に伝わることとなった。

# 10　身曳きと〝いましめ〟

石井　進

## 刑罰としてのいましめ

本書の標題の「罪と罰」とは、より正確にいえば「犯罪と刑罰」のことであるが、ではわが中世において、それはどのようによばれていたのだろうか。「犯罪」は、だいたい「つみ」「とが」とよばれ、「罪」、「過」、「失」、「咎」の字があてられている。「刑罰」の方は「罪科」、「罪過」と記している場合が多いが、ともに「つみ」「とが」とよまれ、本来は「犯罪」の意味である。すでに牧健二・石井良助氏らの先学の説かれたように、日本の古語には「刑罰」にあたる言葉はなかった（牧「固有刑法の基本観念」、『法学論叢』四六－四、石井『刑罰の歴史（日本）』日本評論社、一九五二年）。古語の「つみ」とは、神聖なタブーに反する行為や事実をさし、これに対応するのは、それによって生じたけがれを解除する「はらへ」であった。すなわち原始の日本法では、「罪と罰」ではなくて、「つみとはらへ」だったのである。やがて「はらへ」とならんで世俗的な刑罰が発生してからも、「つみ」の言葉を転用して刑罰の意味に用いていたので、日本では近世になるまで刑罰に相当する国語はついに生まれなかったのだ、とされている（石井前掲書『刑罰の歴史（日本）』）。上に見たように中世では、「罪科」、「罪過」が刑罰にあてられていたとすれば、ちょうど以上の通説にぴったりである。

ところで平安時代末にできた国語辞書の『伊呂波字類抄』をみると、「刑罰」は「イマシム」と訓まれている。室町時代にひろく用いられた国語辞書『節用集』の「黒本本」でも同じである。そうするとわが中世では「刑罰」とは「イマシム」ることであった。では「イマシム」とは、具体的にどのような刑罰であったか。先の『伊呂波字類抄』では、「刑罰」とならんで「禁固」も「警策」も「イマシム」と訓まれているから、平安時代後期になって発達したとされている獄舎への拘禁刑（同右）をさす場合もあったであろうが、それだけではあるまい。

**領主のいましめたらん者は……**

長崎県の沖合に連なる五島列島一帯は、「海の武士団」として活躍した松浦党の根拠地である。その一つ中通島の青方浦を拠点として付近を支配していた青方氏の家に代々伝えられていた四百数十通の「青方文書」は、中世武士の生態を物語る指折りの好史料である。とくに五島列島一帯の浦々に根をはっていた武士たちが、相互に盟約をむすんで地域的な一揆の集団をつくり上げてゆく過程や、その集団の機能を示す史料の多いことが貴重な特色である。

その一通、応永二十一年（一四一四）十二月十一日に、青方氏はじめ中通島一帯の領主たち二十四名が、伊勢の天照大神や八幡、天神、中通島の三日浦の山王などの神々の前で五ヵ条の誓約を行った盟約状のなかには、

(A)領主のいましめたらん者は、相互にかやし、かやされ申すべく候

と記されている(瀬野精一郎校訂『青方文書』第二、三九三号)。その意味は、青方氏のような領主たちが刑罰を加えて「いましめ」た者たちが、領内から逃亡した場合には、領主たちは逃亡者をとらえて互いに本来の領主のもとに返したり、返されたりすることにする、ということであろう。

その前年、近くの宇久島の浦々の領主たち二十六名の連署した契約状にも、

(B)百姓・下部逃散の事、相互に仰せ定められ候上は、理非を糺され、領主・主人につけられ候べく候

との規定が見える(同上、三九一号)のをはじめとして、南北朝・室町時代の各地方で領主たちが同盟して一揆をむすんだときの契約状には、しばしばこの種の規定が見うけられ、「人返し」条項とよばれている。(A)はまさにその一例というべきであるが、「領主のいましめたらん者」に対する「人返し」がわざわざ立法されているのは、青方氏をはじめこの地方の浦々の領主たちの下に「いましめ」られていた人々が相当数にのぼっていたこと、当時、彼らの他領への逃亡がかなり行われていたことを示唆するであろう。

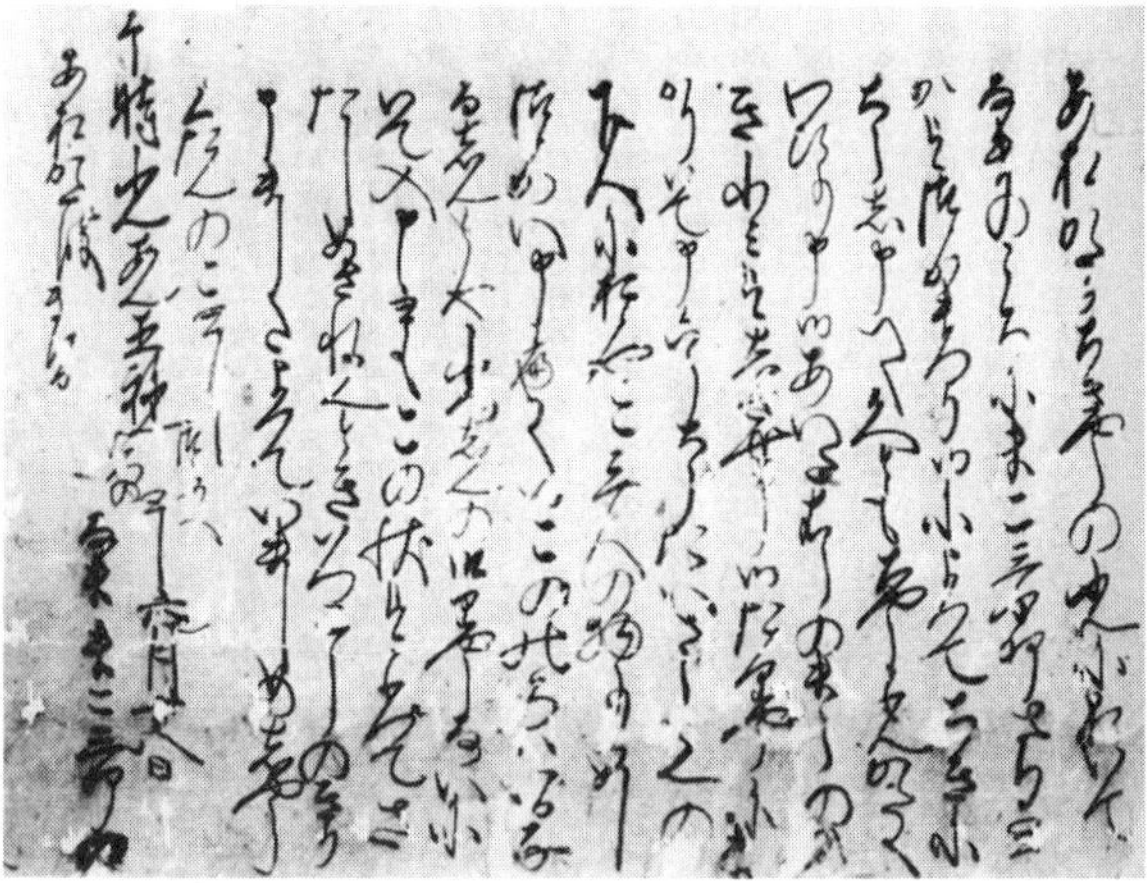
「那摩孫三郎いましめ状」（青方文書406号、長崎歴史文化博物館蔵）

## 孫三郎の「いましめ状」

ところでこの『青方文書』のなかには、ふつう「那摩孫三郎いましめ状」（同上、四〇六号）とよばれている一通の文書がある（図版参照）。かな書きで読みにくい文書であるが、実に内容豊富で多くのことを考えさせてくれる好史料なので、できるだけ多くの漢字を交え、濁点をふって書き直してみよう[1]。

(C)「（ウハ書）あをかた殿まいるいましめ状　まこ三らう」

青方[a]が知行の分において那摩の内に孫三ふ郎さる科を仕り候によって、直に誅し申すべく候へども、ちやう

もん方へ詫事申候間、法のまゝの曳文をしさせ申候、
[b]他領に罷り出で申候はば、重代相伝の下人に親子三人の物も召使い申すべく候、
[c]この後は如何なる神社仏神の御領内に出で入り申候とも、この状をもって沙汰し召され
ん時、一口の義理申まじく候、[d]よっていましめ状件の如し、
　于時ふんあん五ねんつちのへたつのとし六月十八日
　　　　　　　　　　　　　　　　　　なままこ三郎（花押）
　　あおかた殿まいる

最後の二行から、この文書は文安五年（一四四八）、青方浦の北隣りの那摩の孫三郎なる人物が、領主である青方殿あてにさし出したものであることがわかるが、問題は本文の内容である。まず第一段落(a)をみると、青方氏の知行している那摩で孫三郎がある罪を犯したので、直ちに誅殺すべきところであるが、「ちやうもん方[2]」にわび言を申したので一命は助ける代りに、法の通りの曳文を書かせた、と記されている。

では曳文（また引文とも書く）とは何か。石井良助氏の古典的研究（「中世人身法制雑考㈡」、『法学協会雑誌』五六‐九）に従えば、それは「自己の身を相手方に曳進める」こと、すなわち「我と我が身を相手方の支配の下に置き、その所従被官となる」「身曳」にさいして相手方にさし出す証文のことである。してみればこの場合、孫三郎は死刑に処せられるは

ずのところ、わび言がきき入れられたので、青方殿の所従被官に身をおとして罪をつぐなうことになったわけで、それ故に第二段落(b)では、所従となった孫三郎がもし他領に逃亡したならば、その時には孫三郎の親子三人も同じく青方氏の重代相伝の下人にしてしまうぞ、と書かれているのである。そして第三段落(c)では、以後、孫三郎がどんな有力な神社仏寺の領内に逃亡した時でも、この文書に定められた通り身柄を追及され、親子三人が連坐して下人にされても一口も異議は申し立てませんと誓約していることがわかる。

このような内容の文書が、すなわち(d)のいう「いましめ状」であるが、「いましめ」、すなわち「刑罰」とみれば、孫三郎は死刑をゆるされる代りに領主青方氏の所従下人にされる「刑罰」をうけたことになり、「いましめ状」は孫三郎がその「刑罰」を承認した文書ということになる。

さて今一度、孫三郎のいましめ状を読み返してみると、いかにも不思議な事実に気がつく。この文書は、孫三郎が青方殿あてにさし出した形式となっているにもかかわらず、本文の主格がほとんど青方氏となっているからである。まず冒頭「青方が知行の分……」と書き出して、何の敬語も用いていないし、「直に誅し申すべく候へども」というのは明らかに刑罰を執行する主体としての領主青方氏の立場からの表現である。「曳文をしさせ申候」と、使役形になっているのも、青方氏を主格としなければ理解できない。「重代相伝の下人に親子三人の物も召使い申すべく候」というのも、同じく青方氏の立場からのものであり、「いましめ状」の名称自体も青方氏からの表現である。孫三郎の立場に立てば、それは当然「いましめられ状」といわなくてはなるまい。つまりこの文書の形式と本文とは明らかに矛盾しており、形式上受取人の立場にある青方氏が、本文の主格になっているのである。これは本文が孫三郎によって書かれたものではなく、実は青方氏か、あるいはその代理人によって作成されたことを自ら暴露したものに他ならない。

実は私はまだこの「いましめ状」の原本に接したことがないが、写真版を見た印象では、本文から孫三郎の名にいたるまですべて同一人物の手によって書かれており、花押とはいってもごく簡略で、むしろ略押というべき孫三郎の花押だけが別筆のように思われた。そうすればこれは領主青方氏の側ですべての準備をととのえた上で、孫三郎に強制して花押のみを書かせたことになる。

もっとも『青方文書』の校訂者瀬野精一郎氏は、今に伝わるこの「いましめ状」も、他の多くの「青方文書」と同じく案文（写）であって、花押もまた写であるとされている。そうすれば以上の観察は、直接、原本には及ばないことになるが、それにしても私は、「いましめ状」の本文、あるいは見本を書いたのが領主青方氏の側であり、孫三郎は単に花押を書くか、あるいは本文の見本通りに写すことを強制されたことは確実だと考えている。

そのことは今に残り伝わっている他の曳文を見ることで、さらに明白になるだろう。

## せめとられた曳文

(D)曳進我身事
合壱人生年三十八歳
右件元者、安芸庄八多山於宮地、依有大犯之罪科、既及死罪之間、以僧御口入、被助命進候、然間、限永代至于子ゝ孫ゝ円山東殿御内、曳進之処之状如件、
元応元年八月十二日
伴平内（略押）

(E)「身ひき文《（ハシウラ書）》」
人かどい申たるニよんて、みおひき申候所実也、字おと法師と申候おとこ、年をかす《（く脱カ）》ニよんて、年かゝず候、永代おかぎり候て、は田山殿所ゑ、身をひき申候所実也、いかなるけんもんかうけの御りやう内、神社仏事《（ママ）》御り《（や脱カ）》う内ニ候とも、この状文おもんて、御さた候ハん時、一口之委細申すまじく候、御さたあるべく候、依後日為、身ひき文状如件、
享徳二年八月十八日

名母地蔵
名父　乙法師（花押）

この二通はともに土佐国の安芸荘や大忍荘付近の豪族安芸氏の家に伝わった「安芸文書」中に収められた曳文である（近世村落研究会編『土佐国地方史料』四二頁、七五—七六頁）。(D)では「大犯」の罪をおかして死刑に処せられるはずの伴平内が、ある僧侶の口入で一命を助けられ、その地の領主と推測される円山東殿のもとに永代の下人所従としてわが身を曳き進めている。状況はちょうど那摩孫三郎の場合と同一である(3)。

(E)では乙法師という男が、人かどい（誘拐）を行ったため、領主は田山殿（(D)の「八多山」にいた領主であろう）のもとに同じく永代の下人所従として身曳している。本文の後半は(C)のそれと共通する点が多く、注目される。ことに「字乙法師と申候男、年をかくすによんて、年かゝず候」の一句を見れば、この曳文もまた領主畑山殿の側で作成されたことが明らかとなる。(D)の場合も伴平内の略判はいかにも簡単でお粗末なものであり、彼が自ら本文を作成・執筆したなどとは、とても考えることはできないのである。

鎌倉時代中期の若狭国太良荘では、地頭若狭氏と荘内の有力名主との間でしばしばはげしい対立と抗争が行われた。たまたまその争論の一環としてうかび上がってきた一つの事件があある。「乞食」の「盲目法師」が、地頭の直営田の稲四、五把ほどを盗み取ったというので、地頭は「盲目法師」を寄宿させていた家主の「間人」大門傔仗の夫妻と小姨の三人から引文を責め取った上で、ついに三人の身柄を売り払ってしまったのだという（『鎌倉遺文』九、六二五四号）。地頭側の主張では、荘内で盗みをはたらいた犯人を寄宿させていた家主も当然罪はのがれられないことになり、以上の場合と同一のケースとなるが、「引文を責め取る」との表現はまさにぴったりで、まことによくあてはまるものと言ってよい。

また平安時代末ごろ、豊前国大野荘内の恒富名田では、別符大夫種澄という豪族が負物の代として下作人の金蓮から「圧状の曳文」を取って名田を押領する事件がおこった（同上、一、三一四号）。「圧状」とは脅迫や力づくなどで強引に書かせた文書のことであるから、「圧状の曳文」もまた「引文を責め取る」のと同じく、この種の文書の作られ方の本質を示した言い方である。こうしてみると曳文も「いましめ状」も、ともに領主の用意した文案通りの文書に署判を強要してでき上った文書にちがいない。とくに検断権をもつ領主と、罪を犯したとして捕えられ、処刑されようとしている人との間の力の差はあまりにも大きかったのだから、考えてみればそうなるのが当然だったのである。

## 曳くことの意味

ところで身曳が行われたのは、一体どのような場合であろうか。先に古典的研究として紹介した石井氏の論文では、七つの場合に分類して実例があげられている。すなわち、①身売の結果、②飢饉などで生活に困窮して有力者の所従となる場合、③債務の弁済に代えて、債務者か子息らが債権者に身曳する場合、④売買の追奪担保として身曳が特約された場合、⑤年貢公事を納められずに身曳く場合、⑥大恩をうけた恩人に身曳く場合、⑦犯罪により被官になる場合、であるが、最後の⑦の実例についてはすでに述べた通りである。

ここで注目しなければならないのは、石井氏の労作発表後、中田薫氏の「法制史漫筆」の一編「曳進」で、実に示唆的な見解が述べられていた事実である(『法制史論集』第三巻、一一二六―一一二九頁)。今、その大略を紹介すると、

身曳のことに就ては先に阿部愿氏の紹介があり(史学雑誌十四編二九五頁以下)、近くは石井博士の考証があつた(法学協会雑誌五六巻九号五五頁以下)が、多少物足りぬ所がある様に感ずるから、左にこれを補足して置きたい。/両氏共身曳の外に、財産の曳進があつたことを漏らされて居るが、自分は後者をも併せ考慮するにあらざれば、身曳の法律上の性質も判断し難いかと考へる。

として、新たに平安時代末から鎌倉時代初期の古文書文例集『雑筆要集』から「曳文」の文例二つをあげられた。

(F)曳進　科料事
　合白布　佰端者
右件科料、依某罪科、以後日、慥可令曳進之状如件
　年月日
　　　　　　　　　　　　　　姓―判

(G)曳進　祖子両人身事
　父姓某
右為今度罪科雖《(難カ)》免、曳進両人身之状如件
　年月日

また「制止札」の文例として、

(H)制止　山林木事
右今日以後、於此山林、截樹木輩者、可令曳進百疋科料之状、如件
　年月日
上判

を引用された上で、

右三種の事例のみに依て判断すれば、曳進なるものは犯罪に依て生じたる責任を財又は身（恐らく貧乏の場合、或は重罪の場合）を以て果たす、即ちその責に任ずる行為であると解することが出来る。

と結論されたのである。

古文書文例集の史料的価値の高さについては、あらためて言うまでもない。それまで見のがされていた『雑筆要集』の文例からみちびかれた、上の結論はまことに重要であり、「いましめ状」と同じく曳文もまた犯罪をおかした者が財産や自分自身、あるいは家族の身柄をもってこれをつぐなうために提出された文書ということができるのである。いつものことながら「法制史漫筆」と題されながらも中田氏の着眼点が、するどく問題の核心をついておられるのには感嘆せざるをえない。

ここであらためて先の孫三郎のいましめ状を見るとき、(a)末尾の「法のまゝの曳文をしさせ申候」の「曳文」とは、実はこの「いましめ状」そのものであったことに気づく。すなわち「いましめ」＝「刑罰」であることは、「曳文」が財産や人身をもって犯罪をつぐなう文書であったのと表裏一体の関係にあったのである。

## 年貢未進と曳文

ここで中田氏の論文にもどると、氏は直ちにつづけて、

しかし身曳は独り犯罪の結果のみではない。契約に違反して当然の義務を履行し得ざる場合にも亦行はれたことは、已に石井君の紹介した如くであるが、同一の場合に於ても亦、財物の曳進が行はれたことを見逃してはならぬ。

と、その実例をあげられ、さらに、

自分の見る所を以てせば曳進の場合は、犯罪に依て生じたる責任を果す為めか、或は違約に依て生じたる責任を果す為めかの、何れか一の場合、略言すれば公私の義務に違反した結果その責に任ずる場合であるらしく思ふ。

と結論される。まことに見事な整理というべきである。

つぎに契約違反の結果の身曳の実例として、すでに石井氏のあげられた⑤の場合を見ることにしよう（『日向古文書集成』大光寺文書七四号、『大日本史料』六編之二十）。

（Ⅰ）「右馬五郎証文」(ハシウラ書)

右馬五郎男自身引文之事
　合壱人定　字右馬五郎男生年廿五歳也、
右件子細者、大光寺百姓地を給候て、御年貢依不弁済仕候、我身を永代御寺引申候所実也、於自今以後者、大光寺常住可為御下部候、向後者、御ゆるしなく候て、何成権門高家神社仏寺御領内罷入候とも、如此状御沙汰候む時、一事一言子細を不可申候、若又背御寺候て、ふけうを仕候者、
上奉始梵天帝尺、当山地神、伊勢天照大神宮、巨田八幡大菩薩、熊野三山大権現、妻満五社大明神、惣日本六十余州大小神祇御罰、字右馬五郎男八万四千如毛穴可蒙罷候、仍為後日沙汰、起請文幷引文之状如件、
　文和三年正月廿五日
　　　　　　　　　　右馬五郎（略押）

これはまさに年貢未納のため、自分の身柄を荘園領主の大光寺の永代の「下部」として身曳く曳文である[4]。

荘園領主は一体何故、如何にして年貢公事を徴収することができたのか、とは荘園制研究

の究極の課題の一つであり、なお解決に達していない難問である。しかし「いましめ状」からはじめて曳文の検討に入ったわれわれは、思いがけなくもいつかこの課題の前に立たされていたことを知った。

ここで直ちに想起されるのが、本書所収の網野善彦氏の「未進と身代——年貢・交易・出挙」に展開された主張である。あらためて要約するまでもないが、中世の荘園で領主への年貢公事の未進は借銭・借米の未済と同一視され、未進の「罪」をつぐなうために百姓や妻子の身柄が預所・地頭や代官など現地で収取にあたる役人のもとに「身代」として取りおさえられるのが「定法」であった。それは何故か。網野氏はいくつかの新史料を駆使しつつ、当時の百姓が春先に預所・地頭や代官たちから出挙米や利銭を借りうけて耕作を行い、秋には年貢とともにこれを返済しなければならなかったことを明らかにし、それ故に年貢未進は出挙・利銭の未済と同一視されたのだとされる。これはまだ問題の全面的解決とは言えないまでも、重要な一歩前進であることは確実であろう。

ところで石井・中田両氏によって紹介された曳文のなかには、出挙米のかたに債務者の子息を永代に身曳したり、あるいは田地を曳渡した例がいくつもふくまれている。年貢未納の故に百姓が永代の下部として身曳きした(I)の場合にも、おそらく同様に年貢進納は出挙米の返済と同一視され、身曳をもってつぐなわれねばならぬと考えられていたのであろう。

ここまでくると問題はさらにひろがってくる。すでに網野氏は、出挙の貸付と年貢の請

めておく必要がある。

言及されなかった。しかし今われわれの前にある課題からすれば、ごく簡単にでもそれを眺摘されたが、何故か律令法、あるいはそれ以前の原始古代法における出挙の制度については

負・代納のシステムは、戸田芳実氏の強調する古代の「富豪層」のあり方にその直接の源流をもち、石母田正氏の言うようにその根はさらに大化以前の首長制にまでさかのぼる、と指

凡そ公私、財物を以て出挙せらば……家資尽きなば、身を役して折ぎ酬《へ》い《むく》よ（家資尽者、役身折酬）

凡そ稲粟を以て出挙せらば……若し家資尽きなば、亦上の条に准《なぞら》へよ

これが養老令の雑令の十九・二十条で、財物や稲粟の出挙に際して、債務者が返済不能の場合は、家宅や資財を差し押え、それでも不足ならば、債務者の身柄を押えて、負債分を完済するまで労働をせよ、という意味である。

すでに早く滝川政次郎氏の『日本奴隷経済史』は「不自由労働制」の一つとしてこの「役身折酬」制をとり上げ、律令の法意では債務によって人を奴隷とすることを許していないけれど、負債額が大きい場合、債務者は結局、生涯、債権者に使役されて事実上は奴隷の境遇におちいったものと結論され（三七八―三八〇頁）、さらに『律令賤民制の研究』所収の論

考でも、「役身折酬」によって事実上、債務奴隷が発生したことを強調されている（「律令の役身折酬制と債務奴隷」一三一―一四三頁）。

出挙の未済者に対する「役身折酬」の規定、これこそ網野氏の問題とされた中世の荘園における年貢公事未進の百姓や家族の身柄をおさえて身代とする「定法」だったのではあるまいか。これによって氏の所論はさらに強化されたのではないだろうか。

ところで滝川氏が指摘されるように、わが国にはすでに古くから債務者を奴隷にする慣習があった。『日本書紀』の持統紀五年（六九一）三月条に、

詔して曰く、……若《も》し貸倍《かりもののこ》に准《なぞら》へて賤《やつこ》に没《な》れらむ者《もの》は、良《おほみたから》に従《つ》けよ

あるいは「弘仁刑部式」に、

負債に因りて、強ちに賤に充てられたるは、……皆、改めて良となせ

と見えていることから、これ以前、債務を返済できない債務者は、債権者のもとに隷属する奴隷とされる慣習だったことがわかる。(5)

そして井上光貞氏が明らかにされたように、七世紀初頭ごろのわが国の刑罰について、

『隋書倭国伝』に、

其の俗、殺人・強盗及び姦は皆、死。盗は贓を計りて物を酬い、財無くんば身を没して奴となす

と記す、その最後の部分はまさに同様の法慣習の存在を物語っており、さらにさかのぼって三世紀の日本についての『魏志倭人伝』の、

其の法を犯すや、軽き者は其の妻子を没し、重き者は其の門戸及び宗族を滅す

という記述からも同じ法慣習がうかがわれるのである（井上「隋書倭国伝と古代刑罰」）。

ここまでたどってくれば、雑令の「役身折酬」制の背後には、原始以来のながい伝統が存在しており、単なる唐令の継受のみではないことがはっきりした。吉田晶氏によれば、出挙に関する唐令と日本令の規定はよく似ているものの、唐令では「役身折酬」を財物出挙の場合のみに限定しているのに対し、日本令は財物・稲粟の両方の出挙に「役身折酬」をみとめている点が独自であり、わが国の古来の慣行をつたえたものと推定されるという（「八・九世紀における私出挙について」、『律令国家の基礎構造』）。従うべき見解であろう。

奈良時代後期から平安時代初期にかけての仏教説話集『日本霊異記』は、当時の社会の実相を物語る多くの説話を収めているが、中には「物を債りて償はずば、馬牛となりて償ふ」という経典の教えを示す話がいくつかあり、「負へる人は奴の如く、物の主は君の如し。負へる人は雉の如く、物の主は鷹の如し」とも記されている。そして寺の酒二斗を借りて返済しないいまま死んだため、次の世には牛に生まれ変って、定められた八年間も寺のために使役された人の物語ものせられていて、「役身折酬」制の反映をみることができる。わずか酒二斗で八年間も「役身折酬」しなければならないとしたら、この制によって事実上の債務奴隷におちいった人々の数は、きっと相当なものだったろう。

## 中世の「犯罪奴隷」と「債務奴隷」

「いましめ状」、曳文からはじまってついに『魏志倭人伝』までたどりつくとはまことに意外であった。原始へとさかのぼることはこれで終りとして、あらためてまた中世の世界に立ちもどってみよう。すでにわれわれは曳文の一種——中田氏の整理によれば契約違反の場合——が、「役身折酬」の制から「債務奴隷」の発生へとつながることを知った。それと対比すれば、本論のいと口となった「いましめ状」ともう一種の曳文——中田氏の整理によれば犯罪の結果としての場合——は、まさにいわゆる「犯罪奴隷」の発生と密接に結びつく問題であり、上に引いた『魏志倭人伝』や『隋書倭国伝』の記述も、むしろ直接、この慣習を物語るものであった。

　この問題でもすでに早く滝川氏は「犯罪による官賤の発生」（前掲書『律令賤民制の研究』所収）なる論考によって、わが国でも古くからその慣習があったこと、律では謀反大逆者の父子・家人や、家人・奴が主人を姦して生まれた子女は官有の奴婢とされたこと、奈良時代には銭貨を偽造した犯人も同様に処置されたこと、戦国時代に「犯罪奴隷」の思想がよみがえった結果、江戸幕府の刑罰には「奴女」といわれて火刑やはりつけに処せられた重罪人の妻女を「奴」の身分におとす刑が行われたことなどを明らかにしておられる。この分野の先駆的研究として重要なものであるが、「官賤の発生」という視角に立たれたため、本論で取り上げたような中世の「いましめ」や身曳はまったく問題とされず、かえって戦国時代になって再び「犯罪奴隷」の思想がよみがえったように記述されているのは残念なことである。

　中世の身曳の実例としてはさらに、本書の「夜討ち」の章で笠松氏のとりあげた鎌倉時代はじめの正治元年（一一九九）頃、大和国伊奈津荘での一件がある。同荘の預所とおぼしき源為賢の訴状によれば、現地の豪族らしい為清という者が所当米を盗み取るなど種々の悪行を働いた末、ついに夜討ちを決行して為賢の派遣していた荘園の定使一家八人を皆殺しにしてしまった。為賢に搦め捕られるや、この為清は、罪科を承認した上で、「降参の敵人に罪をゆるすのは古今の例である。一族の引文を提出するからゆるしてくれ」と乞うたので、為賢はそれを受け入れ、以来数十年間、為清一族七人を所従として召し仕ってきた、という（仁和寺蔵「本尊随法不同事等」紙背文書、『鎌倉遺文』四、二〇二五号）。この場合、笠松氏の言われるように、実体は「夜討ち」という合戦であり、当事者の一方は逮捕されたのではなく「降参」したのだと主張しているが、形式としては荘の検断を行っていた預所が彼ら一族の「引文」を取って、以後は所従として支配したわけであるから、これまた犯罪の結果としての身曳であり、一種の「犯罪奴隷」化と言えよう。

鎌倉時代の後期、安芸国の在庁官人田所氏のもとには、男性だけで五十六人もの所従がいた。この所従たちを田所氏が子孫に譲るに当って作成した目録が今も残っていて、中世の地方豪族・武士がいかに多くの所従を従えていたかを示す好例として、よく利用されている[6]。女性の部分が失われているが、男女あわせれば当然、百人以上の所従を召し仕っていたことになろう。ところでこの男の所従五十六人のうち二十二人ほどは明らかに身曳の結果、田所氏の所従にされてしまった人々だと記されていて、明記されていないものはさらに多かったと推測できる。身曳の理由としては年貢未進と借銭弁済の例が各一例ずつわかるだけであるが、上記したような「債務」と「犯罪」の結果とみるべきであろう。

中世の各地の地方領主たちが所従下人をしたがえていたことを示す譲状や処分目録は、全国を通じてその数が多いが、人数を明記している例はそれほど多くはない[7]。しかし大隅国の在庁官人にして禰寝院の郡司、そして鎌倉幕府の地頭、御家人であった禰寝氏の鎌倉中期の処分目録には男女あわせて九十四人の所従が記載されていて、田所氏の場合とほぼ匹敵する数を示している（注（7）水上論文に紹介された、建治二年（一二七六）正月三十日、禰寝清綱所従抄帳）。同じ大隅国の正八幡宮の神官であった沙弥迎慶が、鎌倉中期、孫に三十二人の所従を譲与した例もある（『島津家文書』三、一一六七号）。中世の地方領主たちのもっていた所従下人は、相当多数にのぼるのが普通であったと考えたい[8]。そして田所氏の場合のように「債務」や「犯罪」の結果として、所従下人におとされてしまった人々がかなり多かったことも明らかである[9]。

これも笠松氏が本書の「盗み」の章で言及しておられる例だが、鎌倉後期の薩摩国谷山郡の山田・上別府両村地頭島津宗久と郡司谷山資忠との相論の判決は争点四十一ヵ条にのぼる長大なもので、うち二十四ヵ条は、芋・稲・小袖などの窃盗や姦通・悪口等々の犯罪を理由に地頭が身代をおさえ、科料として銭をとり上げたという、いわば地頭の検断権行使をめぐる争いである。幕府の鎮西探題は、そのほとんどを地頭の権利濫用とみて敗訴させているが、百姓の所従の女が姦通したというので、主人の養女の身柄をおさえて売り払ってしまうなどの地頭の行為は、むしろ当時一般的であったと思われる。現にこの裁判でも、夜討人の従者を地頭が取りおさえ、売り払ってしまった件については、地頭勝訴の判決が下っている（『薩藩旧記前集』八、正安二年（一三〇〇）七月二日、鎮西下知状）。

谷山郡の場合は、同種の事例のうちの一例にすぎないので、検断権の行使によって地頭などの地方領主が科料をとり、あるいは犯人自身や家族などの身柄をとりおさえて下人所従としてしまうのは、中世を通ずる例であった。古文書文例集の『雑筆要集』が、「曳文」の文例として科料と身曳の二つの場合を並記していることも、こうみてくると実に意味深い。「曳文」こそは、この際に作成された文書の名であったし、例の那摩孫三郎の「いましめ状」が、「法のまゝの曳文をしさせ申候」と述べているように、それがまさに中世の「法」なのであった。

網野氏が問題とされた、年貢公事の未進の際、百姓から身代を取るのは「定法」とされていたこともちょうど同一の「法」であろう。地頭や、場合によっては預所など年貢公事の収取にあたる権利をもっていた地方領主たちにとって、それらの未納は百姓の契約違反であり、「役身折酬」の制以来、「身曳」によって結着をつけることが「定法」であり、ここでもまた「曳文」が作成された。

地頭の職権論議をはじめ、中世の地方領主の支配権の内容については定かでない点も多い。しかしその基本が検断権と年貢公事の収取権であったことは間違いがない。しからば、そのいずれにおいても違反者のかなりの部分は、「身曳」により「犯罪奴隷」「債務奴隷」化して領主の所従下人とされてしまう、それが中世であったと言えるのではないか。

## 江戸時代の「犯罪奴隷」

それでは降って近世の江戸時代、上に述べ来ったような「犯罪奴隷」の慣習はどうなったであろうか。さすがに滝川氏は上記の「犯罪による官賤の発生」のなかで江戸幕府の行った「奴女」の刑罰に注目しておられるが、幕府以外に各藩で同種の刑罰を実施していた例はないだろうか。ここで注目されるのが対馬藩の場合である。江戸時代を通じて対馬藩では、犯罪人、あるいは連坐した家族らを奴婢身分におとし、藩主から家臣に与えて使役させていた。子孫にいたるまで永代の奴婢にされる場合の他に、五年・十年などの年限を限って奴婢とされることもあった。奴婢刑の適用される範囲はひろく、不埒、酔狂、あるいは身持よろしからず、という程度で三年の「年切奴」にされている例もあり、対馬藩の主要な刑種だった。

とくに注目されるのは、連坐して奴婢におとされた家族・兄弟などが多く、彼らを「曳科之者」と称していた事実である。「曳科」、あるいは「科を曳く」とは、まさに中世的な表現であり、中田氏の指摘された犯罪に対する責任を果すとの意味で「曳く」の言葉が用いられていることは実に重要である。対馬藩の奴婢制について詳しい研究を行われた安河内博氏は、この制度の成立を、①中世における「犯罪奴隷」の伝統の継承と、②朝鮮における「犯罪奴隷制」の影響の両面からとらえようとしておられ[10]、その視角は正当なものと考えられる。ただ本論の視点からすれば、当面はまず①の視角が重要であろう。安河内氏は中世の対馬における「犯罪奴隷」の存在を直接示す史料はないとされながらも、室町時代における下人の寄進・授与・譲与の多くの実例をあげ、さらに十五世紀はじめから二百年足らずの間に、島主宗氏から全島で八十通に及ぶ人身売買の免許状が出されている事実を力説し、「犯罪奴隷」の存在を推測されている。妥当な推測と考えられるが、「曳科之者」という表現一つをとるだけでも、対馬藩の奴婢制が中世、あるいはさかのぼって原始・古代以来の伝統の体制化であることが想定されるのであり、上に見てきたような刑罰としてのいましめや身曳がここ対馬において近世的に集大成されていることを痛感せざるを得ないのである。

近世におけるこの種の刑罰が、果してどの程度までひろく行われていたか不案内であるが、すでに金田平一郎氏は対馬藩と類似の刑罰が、陸奥中村藩・仙台藩・水戸藩等でも行われていたことを指摘された（「近世懲役刑小考」、『九州帝国大学法文学部十周年記念法学論文集』）。実例を詳しく調査すれば相当の数にのぼるであろうし、その前提としての中世、さかのぼっては原始・古代以来の根づよい伝統があらためて注目されることになるのではないか。

**残された課題**

わが中世の刑罰について概観を得ようとして、まず石井良助氏の『刑罰の歴史』をひもといてみると、上に主として検討してきたような地方領主のもとにおけるいましめや「身曳」

については一言も触れられてはいない。しかしわれわれはこの種の刑罰が地方領主の下ではかなりさかんに行われ、領主制支配の拡大に相当大きな役割を果していたことを知った。一方、本書で勝俣鎮夫氏は「家を焼く」行為を明らかにするなかで、日本中世の荘園領主は、領内で発生した犯罪をけがれの発生としてとらえ、領内からの犯人の追放、犯人の住宅の焼却という手段で領内の災気の除去、正常な状態への回復につとめた、そこでは犯人に対する「刑罰」の意識はきわめて希薄だった、と説いておられる。それはまさに原始の日本法における「つみとはらへ」そのものであったことになる。

われわれはここに荘園領主下の刑罰と地方領主下のそれとを比較せねばならない。刑罰としての「犯罪奴隷」化が『魏志倭人伝』までさかのぼることはすでに見た通りであり、ここにも古来の伝統が生きていたことを確認できるが、さりとて中世の地方領主下の刑罰が原始の日本法そのままであったわけではあるまい。また近世対馬藩の奴婢刑のような近世的刑罰と、中世のいましめや「身曳」との相違も大きな問題である。これらは何れも今後の課題であるが、その一つのカギはいましめや「身曳」にさいして「いましめ状」や「曳文」が作成され、現実には一方的に強制されたものではあれ、形式上は自発的にみずからの意志で所従に身をおとす形をとっている点にもとめられるのではないか。

「曳文」が何故必要とされたのか。まず第一に考えられるのは、所従が主人にとっては動産の一種であったから、その支配の正当性を証明する文書としての「曳文」が重要であったという事情である。また第二には検断権を行使する領主として当然死刑に処すべき犯人の一命をゆるし、みずからの所従として召し仕う、いわば私のものとすることの後めたさへの弁明のためにも「曳文」が必要とされたのだと思う。「僧の御口入」などの宗教的理由によって助命したという、いくつかの「曳文」の文言は、やはり同様の弁解であろう。

だが、どちらの理由にもせよ、そのために必要とされた文書の形式が「曳文」や「いましめ状」であったことが問題である。本質的にいえば、「自由人」が自発的にみずからの「自由」を放棄する意志を表明した文書が「曳文」であり、「いましめ状」なのであった。大和国伊奈津荘の夜討人の為清が、預所に捕えられた時も、みずから「降参の敵人」と主張しえた、そうした中世という時代にふさわしい文書形式なのであった。刑罰に処せられる人間が、自発的にそれを承認する文書を提出する形式をふまざるをえなかったところに、われわれは中世という時代の特色をもとめることができるのである。

近世対馬藩の奴婢刑でも同様な「いましめ状」や「曳文」の提出が必要とされていたかどうか、安河内氏はじめ諸氏の研究では知ることができない。しかし多分そのようなことはなく、刑の言い渡しと「奴婢帳」と総称されている藩側の記録への記帳が必要とされたのみであろう。そしてそこにも中世と近世との大きな差異が横たわっているのだと思う。いずれにしても残された課題は大きく、重い。

(1) ただし二ヵ所ほど瀬野氏のよみをあらためた箇所がある。それらの点をふくめて、この文書の解釈については、先に石井進「「那摩孫三郎戒状」をめぐって」(『信濃』三三―一二)で、私見をまとめておいた。
(2) よくわからないが、「ちやうもん」という人名か、あるいは「聴聞方」とでも書く役人であろうか。
(3) 石井良助氏は前掲論文で、この文書を、⑥大恩を受けた恩人に身を曳進めた場合の実例に分類されているが、本文のように解釈する方が自然だと思う。
(4) なお同じ「大光寺文書」には、前年の文和三年(一三五四)五月八日付で木下馬五郎の出したつぎのような証文が収められている。

(ハシウラ書)「馬五郎か証文」
屓申大光寺務年貢事
合四斗定斘者常住斗子也
右件の年貢者、以後日わきまへを申候まてハ、馬五郎か身者、寺の可為殿人候、若このむねをそむきていかなるけんもんかうけ神社仏寺の御りやう内に罷入候とも、この証文のむねニまかせて御沙汰候ハん時、一言も不申子細候、仍為後日状如件
文和三年五月八日　木下馬五郎(略押)
(『日向古文書集成』大光寺文書七五号)

両者の略押は、影写本で見ると必ずしも同一ではないが、両馬五郎はまずは同人物であろう。すると彼はまず年貢四斗のかたに身を寺の「殿人」におとし、年貢未済が決定的となった翌年正月に自らを永代の

「下部」として身曳くはめにおちいってしまったことになる。
（5）以上の点は、滝川氏はじめ何人かの先学によって指摘されているが、ここでは井上光貞『日本古代思想史の研究』（岩波書店、一九八二年）三—三九頁所収の「隋書倭国伝と古代刑罰」による。
（6）「田所文書」正応二年（一二八九）正月廿三日、沙弥某譲状。『広島県史』古代中世資料編Ⅳ、一二三三—一二五一頁。なおこの文書は、正しく言えば譲状ではなく処分目録であること、最近の磯貝富士男氏の論文「安芸国在庁官人「田所」氏についての覚え書——正応二年正月二十三日付文書の性格をめぐって」（津田秀夫編『近世国家の成立過程』塙書房、一九八二年、五〇—八四頁）の説く通りであろう。
（7）水上一久「中世譲状に現れたる所従について——大隅国禰寝氏の場合」（『史学雑誌』六四－七、のち同著『中世の荘園と社会』吉川弘文館、一九六九年に所収）には、全国的に多くの事例を紹介しており、大勢をつかむのに便である。
（8）前掲論文で水上氏は譲状に現われた「所従・下人の数が比較的少数」であり、禰寝氏や沙弥迎慶の場合を例外的多数と考えられているようであるが、実例からみると所従下人の全員を書き上げている場合はむしろ少なく、主人の階層もあまり高くない。したがって私は逆に田所氏・禰寝氏クラスの在庁官人、有力な地方領主にあっては、百人程度の所従下人を有するのをむしろ普通と考えたい。
（9）水上氏も上掲の論文のなかで、とくに薩摩・大隅両国を中心に多くの史料をひき、「領主農民間の所当未進、あるいは負債による奴婢化、及び領主間の所従争奪」がさかんに行われていたことを明らかにしておられる。
（10）対馬藩の奴婢制については金田平一郎氏はじめいくつかの研究があるが、安河内博『対馬藩に於ける奴婢制成立の研究』（九州大学文学部国史研究室、一九五三年）がもっとも詳しいので、以上はもっぱら安河内氏の研究による。

# 討論〈中世の罪と罰〉

網野善彦
石井　進
笠松宏至
勝俣鎮夫

編集部　小会〔東京大学出版会〕の小雑誌『ＵＰ』に、笠松先生ご執筆の「お前の母さん……」を掲載させていただきましたのは、一九八〇年七月のことでした。以来「中世の罪と罰」という統一テーマのもとに、勝俣先生、石井先生、網野先生にそれぞれご登場を願い、七回にわたってご連載をいただきました。この度、一冊の本としてまとめさせていただくにあたって、新たに三篇の新稿を加えていただいたわけですが、「中世の罪と罰」という魅力的ですが大変難解なテーマを、十分に検討しつくした、ということにはなっていないのだと思います。それに〝中世の罪と罰とは？〟というような、いわば総論的なお話もまだ頂戴していないわけです。

というようなことで、四先生の十篇のご論文を多面的にご検討いただきながら、新たな問題へと議論を発展させていただきたい、という主旨で、本日の討論会を準備させていただきました。

まず最初に、笠松先生の方から、討論の素材提供という意味を含めまして、少し総論的なお話をしていただけませんか。

## 中世らしい犯罪

笠松　とても総論というわけにはいきませんが、話の発端ということで少しお話しようと思います。

日本の古い罪の名称が列挙されていることで、すぐ思い出すのは、『延喜式』の「六月《みなつき》晦《つごもりのおおばらえ》大祓」に載っている天津罪《あまつつみ》、国津罪《くにつつみ》の史料ですが、中世における罪について、ちょうどそれと対応するというか、類似したものとして思いつくのは『沙汰未練書』での罪の列挙です。ご承知のように、鎌倉幕府の訴訟制度は、所務、検断、雑務の三つの訴訟対象を基準として分化されていき、その分化を基礎におくことによって制度が格段に発達していく。このことは、佐藤進一氏の業績（『鎌倉幕府訴訟制度の研究』）によってすでに明らかになっております。

もちろん、このことは所務も、雑務も検断も、同時進行的に発達していくわけではなく、あくまで所務沙汰が中心で、所務沙汰を重視するためにむしろほかを分離していく、という要素が一つはある。もちろんそのほかに、これは検断沙汰でなくてはならないという積極的な意味もありますが、あくまで所務沙汰中心に発達していくわけです。

『沙汰未練書』を見ると、「所務沙汰トハ……、雑務沙汰トハ……、検断沙汰トハ……」という形式で列挙されているのですが、もっとも大事な「所務沙汰トハ」というところでは「所領の田畠下地相論の事なり」とただこれだけしか書かれていないのです。所務沙汰の裁判の実際を見ると、とてもそんな簡単なものではなくて、さまざまな要素を含み込んでいます。後で問題になると思いますが、下地相論ではなくて、網野さんがお書きになった年貢未進の問題（第9章「未進と身代」）などもすべて所務沙汰に入るわけですが、そういうことは列挙されていません。このことはつまり書く必要がなかったわけで、あとの雑務沙汰とか検断沙汰は個別的に列挙する必要があり、それと形式を揃えるために「所務沙汰トハ」という形をとったのだと思います。

『沙汰未練書』は、もちろんあくまでも幕府の訴訟制度のための手引きですが、それから離れてみても、仮に裁判の訴訟対象を分けるというときに、検断、つまり今日の刑事訴訟についていて、どういうものが妥当するかというのは、中世の人間にとっても必ずしも自明のことではなかったのではないかと思われます。雑務沙汰も同じことです。

『沙汰未練書』と同じような史料として室町幕府の『武政軌範』があります。あまり注目されていない史料では、これは鎌倉幕府の追加法ですが、乾元二年（一三〇三）の「侍所方」と銘を打った法令が十ヵ条ばかりあって、ここにも罪名が列挙されています（『中世法制史料集』第一巻）。この中には博奕とか謀書、それから見落してはならないのは「謀略」という項があることです。

石井良助氏が『沙汰未練書』の検断沙汰を問題にされたときに（『日本法制史概説』）、知能犯に類するようなものは全然列挙されてない、とお書きになっていますが、この乾元二年の法令を参照すると「謀略」の解釈にもよりますが、幕府はこういうものも検断沙汰の中に含み込んでいた可能性もあると思われます。

さて前置きはこの位にして『沙汰未練書』の検断沙汰の中味を見ていきますと「謀叛」から始まって、「夜討、強盗、竊盗、山賊、海賊、殺害、刃傷、放火、打擲、蹂躙」と、ここまでは『御成敗式目』の刑事法規にも載っているようなごく通常の罪の名が列挙されていきます。この並べ方にもいろいろな問題があると思いますが、それは別にしまして、「蹂躙」のつづきの「大袋」からはじまる「昼強盗、路次狼藉、追落、女捕、苅田、苅畠」が非常に問題のあるところです。恐らく『沙汰未練書』において、何が検断沙汰で何が所務沙汰あるいは雑務沙汰かという境目にあたるところが、「大袋」以下になるわけです。つまり、所務沙汰、雑務沙汰と区別がつけにくい項目が列挙されているわけです。表現をかえて言えば、中世らしい犯罪というのが、ここに並んでいると言えるかも知れません。

少し立ち入って検討してみますと、「大袋」というのは、あまりはっきりしたことは言えませんが、石井良助氏の論文（「古法制雑考㈠」、『国家学会雑誌』五一－六）にもありますように、「昼強盗」に非常に近い犯罪ではないかと思われます。どのように近いかと言えば、「昼強盗」の下に「追捕狼藉は所務なり」と注記がありますが、要するに「大袋」というのは、現象的には、大きな袋を持った大泥棒ということでしょう。「昼強盗」も同じように白昼堂々とやってきて、たくさんのものを一度に持っていってしまう、つまり両者とも〝こそどろ〟ではなくて公然としたところに特徴があるのではないかと思われます。

「大袋」「昼強盗」につづいて「路次狼藉」――これについては小田雄三氏の論文（「路次狼

藉について」、『年報中世史研究』六）があります。つづいて「追落」――これについては入間田宣夫氏の最近書かれたものがあります（「泰時の徳政」、『東北大学教養部紀要』三七）。それから「女捕、苅田、苅畠」については昔から様々な議論が行われており、最近では羽下徳彦氏の論文があります（「苅田狼藉考」、『法制史研究』二九）。要するに以上述べてきたような非常に特徴的なものが列挙されているわけです。これをここで一つ一つ問題にすることはとても出来ません。

## 牛馬の尾を切る

つぎに『武政軌範』の方をみてみますと、「大袋」と「昼強盗」が載っていません。逆にふえたのが「博戯」つまり博奕と「牛馬の尾を切る」という二つです。このことは、乾元二年の法令で博奕がすでに入っていたというところからみても、室町時代に入ってから前の二つが落とされて後の二つが追加されたとはいえないと思います。とにかく『武政軌範』でいいますと、最後が「或は博戯の論をなし或は牛馬の尾を切る」というので終わっています。つまり一番紛らわしいものの最たるものとして、ここにこの二つが載せられたものと思います。

博奕が検断沙汰としてなぜ紛らわしいかということは、網野さんの「博奕」の章（第8

章）で問題にされていますので、ここでは「牛馬の尾を切る」が、なぜ検断条目の中に紛らわしい犯罪として入れられているか、ということについて、一つの史料を紹介し、そのような犯罪の性格の一端をうかがい知る材料にしたいと思います。

なぜ牛や馬の尾を切るのか、もちろん自分の所有する牛馬の尾を切るわけではありません。他人の牛や馬の尾を切り落とすわけですが、一体何の目的であるかわからない。もし他人の牛馬を盗んだり、殺したりすれば、当然ながらそれは検断沙汰ですから、わざわざこんなところに項目を立てる必要はないわけです。「尾を切る」というところに紛らわしい犯罪としての性格があるのは言うまでもありません。『武政軌範』に載っているわけですから、これを読んで不思議に思っている人は多いのでしょうが、しかしこのことに触れた論文は見たことがなく、私は前から気になっていました。関連があるかどうかわからないのですが、平安時代の漢詩文集の『本朝文粋』の中に、『倭名類聚抄』の著者として有名な源順の「尾無き牛の歌」という非常におもしろい詩が載っております。それはつぎのような内容です。「自分は牛を一匹持っているけれども、尾はすでにない。人々が尾のない牛だといって嘲笑する。この牛はもともと野生のものだったのだが、オオカミにかみ切られて尾がなくなってしまった。みんな、無尾の牛だといってばかにするが、尾がないために五つの徳がある」。そう言って五つの利点を挙げているわけです。それはここでの話と直接には関係ないのですが、おもしろい内容なので紹介します。

一つは、長い尾だとふんで轅《ながえ》を汚したりするが、尾がないから汚さない。それから、これは日本の法制史上厄介な問題の一つなのですが、放飼いの牛や馬が他人の園宅に入り込んだときにどういう処分があるかということは、中世なんかですと損害を倍にして返すとか、あるいは、入り込んだ牛馬を殺してしまったときには逆にどうなるか、といった問題がありま す。そこでこの無尾の牛が他人の園宅に入ったときは、ここのところが非常におもしろいのですが、「園に入りて縦ひ園夫の怒に逢ふとも、死牛の頭を結び著くべからず」ということが書かれてあって、その注に「牛園中に入る、園主死牛の頭骨を以ちて、其の尾を結び著け、数里を走らしむ。此の牛結び著くる所なし。其の徳の二つなり」とあります。つまり、ふつうの尾のある牛ならば、侵入した園宅の持主によってその尾に死んだ牛の頭蓋骨を結びつけられ、牛は走ってどこかへ行ってしまうけれども、尾のない牛の場合はそのおそれがない、というわけです。要するに、牛の尾に死んだ牛や馬の頭蓋骨を結びつけるということですが、頭蓋骨にかぎらず何か物を結びつけられれば、動物は恐れてどこかへ走り去ってしまうに違いないわけですから、特に死んだ牛や馬の頭蓋骨を結びつけるということに何か意味があったのだろうと思うのです。

平安時代の長元三年（一〇三〇）『小右記』に、あるお公家さんが牛に馬の頭を結びつけた、するとその牛が右兵衛陣に乱入して、その辺を走り回ったという記事（長元三年八月十七日条）が載っています。そのお公家さんがなぜこんなことをしたのか、その前後のことはよくわからないのですが、とにかく一般に、牛や馬を奔放に走らせようとするときには、牛馬の頭蓋骨を結びつける、というような風習があったのではないか、と思われます。いろいろ申しましたが、とにかくそういう難に遭うことがない、それが利点の二つ目というわけです。

あとは、群れに入っても尾がないからすぐわかるとか、もし盗まれても尾がないからすぐ自分のものだとわかるとか。五つ目は、これもおもしろいと思うのですが、尾のない牛はみっともないので借りにこられる心配がなくてその点もいいんだ、以上、五つの利点を挙げているわけです。

そこで、なぜ他人の牛馬の尾だけを切るか、という問題ですが、この詩との関連で思いつくことは、尾のない牛というのはあざけりの対象になる、そして一般には牛として役に立たないと思われている、ということなのです。さらに言えば、牛がもう本来の用途として役に立たない、牛が牛でなくなる、というようなことになるのではないかと思うのです。

このことと関連して思い出すのは、勝俣さんの「ミ、ヲキリ、ハナヲソグ」の章で触れられた人間の肉体刑の問題です。人間本来の形ではなくて異形にしてしまうというような刑罰があった。こじつけかもしれませんが、何だかこれと似ているような気がしてなりません。要するに異形の牛にしてしまう、つまり、他人の牛を殺したり、傷つけたりするのではなくて牛の尾を切ることによって異形の牛にしてしまうという報復の仕方。その発端が何であるか、もしかすると自分の田畑に入り込んできた他人の牛に対して、そういう報復の仕方をするとか、行列に乱入してきた牛に対して尾を切って仕返しするとか、そういうことではなかったのでしょうか。

そういう「事件」がかなりあって、やられた側はたまらない。しかし盗まれたり、傷つけられたりということではないから、検断沙汰に入るのかどうか、という疑問が生ずる。そのようなことから、「牛馬の尾を切る」というような特徴的な罪が『武政軌範』の条目の一つとして載った、ということなのではないかと思うのです。

こんな例でもわかりますように、中世には結局中世人にしかわからないような罪があった、ということが象徴的に示されていると言えるのではないでしょうか。

中世の罪ということを考えるときの最近の傾向ですが、苅田、苅畠とか、路次狼藉とか、昼強盗とか、私が書きました「夜討」も多少関係があると思いますが、そういう一種の境界的な罪に関心が集中してきているのは、それなりに理由のあることだろうし、われわれのこの本の関心の一つもそこにあったと言えるでしょう。この〝討論〟では、そのあたりから話を始めてみてはどうでしょうか。

## 大犯三箇条

石井　ただいま笠松さんからとてもおもしろいお話をしていただきました。最初に中世の罪のカタログ、一覧表のようなものとして『沙汰未練書』の検断沙汰の項目を紹介されたわけですが、「盗み」（第6章）とか「夜討ち」（第7章）は、本文の中で独立の章として取り扱われていますので、そのほかの罪についても、一つずつ話を進めてみたらどうでしょうか。「大袋」以下の罪が、「謀叛」から「蹂躙」とは違って境界的な罪である、と笠松さんは言われたのですが、どういう意味で境界的なのかということも、だんだん話をすすめていく中で明らかになってくるのではないでしょうか。

網野　しかし「謀叛」というのは、それから後の罪とは異質なわけでしょう。先にそのあたりのことを少し笠松さんの方から話していただいたらどうですか。

笠松　そうですね。「夜討」以下は幕府にとっては、二人の当事者があって互に争いあう一種の裁判のようなものです。謀叛というのは権力者に対する犯罪なわけです。もっとも幕府でいえば「鎌倉殿」に対する叛逆だけが謀叛なのかどうか、多少の問題はのこりますが。

ご承知のように、『御成敗式目』の中に「謀叛」という項目はもちろんあるわけですが、具体的な内容を持たずに「兼日定め難きか、且は先例に任せ、且は時議によって行はるべし」（第九条）というふうなことが載っていまして、これは昔から『式目』の性格を考える上の一つの材料にされてきたわけです。そこで問題は「時議」という言葉にかかってくるわけです。

佐藤進一氏の解釈によれば、室町時代「時議」という言葉が出てくるのは明らかに将軍の意志である、時議に依るべしということ、ただそのときどきのやり方によるというのではなく、将軍の意向を受ける、ということを指している、ということです。これはたしかに室町時代のある種の史料では、まさしく佐藤氏の言われるとおりだと思います。佐藤氏はこのことを『御成敗式目』のあたりまで遡らせて「謀叛」というのは将軍に対する罪だから『御成敗式目』制定者のような家臣がその罪を予め決められるものではない、「謀叛人に対する罪は、将軍の親裁権として処断するんだから、それは時議によると解釈できるのではないか」と。佐藤氏は書いてはおられないのですが、伺ったところではそういうご意見です。これは非常にユニークな解釈で、もしそうであれば、いままでこれを材料にして考えていたような式目論の一環は、崩れるわけなのです。

ただ私の考えでは、『式目』の中に「時議」という言葉はほかにも使われておりますから、それらの用例を勘案しますと、果して佐藤氏の説をすぐ承認できるかどうかは、なお検討してみる必要があるのではないかと思っております。

そういう意味で、「謀叛」が検断沙汰とはなじまないものであることは確かで、羽下氏の分類(「検断沙汰おぼえがき㈠」、『中世の窓』四)、いわゆる検断沙汰と検断という二つに分けるという氏の理解の仕方でいえば、「謀叛」は検断沙汰ではなくて検断に最もふさわしい犯罪なわけです。

そこでなぜこれが検断沙汰の頭に載っているかということですが、要するに「謀叛、夜討、強盗、竊盗、山賊、海賊」までは、犯罪の形態で列挙してきて「殺害」から「蹂躙」まては、犯罪の結果ないしは手段というようなものを列挙しているといえます。その結果このようになったのだと思います。

**網野**　佐藤氏の解釈は大変的確だと思いますね。やはりこう並んでいるのをみますと、「夜討」以下の罪と「謀叛」とは確かにともに犯罪の形態には違いないけれども、「夜討」以下の方は民間というか、社会の中で行われる犯罪、しかし「謀叛」だけは、権力に対する犯罪という性格があるのではないかと思うのです。その点が、後に並んでいるすべての罪と決定的に異質なのではないでしょうか。

もう一つ、少し話がずれますが、私にはどうしてもわからないのは「大犯三箇条」という言葉で、もちろん「謀叛」は大犯の最たるものでしょうし、「殺害」もそうでしょうが、「大番催促」がどうして「大犯」の中に入れられているのか、ということなのです。まともに考えてみると、これはどうしてもよくわかりません。

「大犯三箇条」は後になると、家焼きと盗みと殺害になるわけで、南北朝末、室町期からは確実にそうなっているのだろうと思いますが、鎌倉時代の「大犯三箇条」がふつう言われている三つだということは何を根拠にして決まっているのですか。私は法制史の専門家ではないからよくわからないのですが……。

**笠松**　鎌倉時代の大犯というのは、守護の検断権というのに関係づけて考えていたわけですが、守護がどこでも入っていって追捕できる犯罪、それを「大犯」と言った、という史料があるのですか。

**石井**　何かあったように思っていたんですが……。調べてみなくちゃいけませんね。でも鎌倉時代に「大犯」といっていても、「大番催促」をいれた三箇条とは限らないので、むしろその後の家焼き、盗み、殺害という『日葡辞書』の解釈*があてはまる例があります。私が使った「身曳き」の史料で「安芸文書」の中の一つは、鎌倉末期に大犯をおかして殺されるところを、坊さんがわびをしてくれたので、畑山殿のもとに身曳きするという文書なんです（第10章「身曳きと〝いましめ〟」）。

＊『邦訳日葡辞書』の「ダイボン（大犯）」の項には、「大犯三箇条、すなわち、家焼き、人殺し、盗み。三つの大罪で、これを犯した者は、その罪によって死刑に処せられる。それは放火、殺人、盗みの三つである」と記されている。

この間もある大学で講義してきたんです。もしこれが守護の大犯三箇条であるならば、守護が当然出てくるはずだけれど、それらしい形跡は全くないので、鎌倉時代でも在地で実際に大犯と言っているのが、守護の大犯三箇条とは限らない、という話をしたのですが、そうしたら学生諸君は、そういう話は初めて聞いた、びっくりした、って。

**網野**　そうだとすると、いままでの教科書の知識で、試験問題なんかに一番出しやすいので「大犯三箇条とは何か」というのを出した覚えがあるのだけれど、あれは訂正した方がいいのでしょうか。

**石井**　けれども幕府の方で守護職権として大犯三箇条という用語を使っている例はあると思うのです。それと現実の在地における大犯の規定というのは違う、それが中世という時代なのじゃないですか。

**網野**　もちろん「大番催促」は守護の権限の一つとして「謀叛・殺害」と並んでいるのでしょうが、これは軍役の動員でしょう。それをどうして大犯という形で締めくくれたのでしょうか。これらのことは、案外つきつめて考えられてないのかもしれません。しかも室町時代に「大番役」がどうなったのかもわかっていないのではないでしょうか。

もう一つ、民間の大犯と幕府の大犯とがずれるという判断に立つとしても、そのずれ方が問題になります。

**石井**　もちろん問題になると思います。これは大犯である、重罪であるというように上の方から決めていって、重罪の処断権は俺が握るんだというような主張と、対になっているだろうと。

**網野**　民間の大犯には、「謀叛」が入るはずがないですからね。

**笠松**　「大犯」という言葉を詳細に調べたことはありませんが、史料の面では、たとえば、仏像を盗んで売ってしまった、これは大犯の随一だ、というような、割に軽い意味で使うわけですから、その範囲が流動的であったことは確かでしょうね。

**石井**　後で死刑になるような罪は大犯である、という考えもあるわけですか。

**笠松**　さあ、どうですかね。罪と罰の対応関係を現代的にわり切ることはもちろんできませんし、それに第一、立法者の方で重い罪であると考えるのと、在地の方で昔から重い罪であると考えているのと、その間のギャップというのは当然あったし、その一番象徴的なのが、窃盗（第6章「盗み」）ではないかと思います。

## 白昼堂々の犯罪

**石井**　それでは、罪の重い軽いという方へ話がいきましたけれども、その前に「大袋」以下の個々の罪の解説をしていただいた方がいいのではないでしょうか。大袋というのは一体何なんですか。大国主命みたいな大きい袋でも担いでいるのですか。

**笠松**　石井良助氏が集められた史料でおもしろいのは、児の誘拐犯が大袋とよばれている例ですね。

**勝俣**　小田雄三氏の論文（前掲「路次狼藉について」）では、場所による、というのでしょう。要するに、屋内ですれば大袋、道では路次狼藉、とか書いてありましたけれども、この宮田庄の例では監禁罪に近いような感じもします。この「袋」は「袋質」という語の「袋」と関連すると思うのですが、「袋質」もよくわかりません。

**石井**　大きな袋……？　何でそれつくるの、麻袋とか、毛皮の袋とか（笑）……絵巻物なんかで、あまりそういう大きい袋はみかけないように思いますが。

**網野**　ただ袋を負うというのが「乞食人」につながるという話を聞いたことはあります。それと大袋とは関係ないでしょうがね。

**石井**　やはり「大袋」というのは、なぞの犯罪ですか。

**笠松**　昼強盗というのが、追捕狼藉と非常に近い犯罪であることは確かなので、先ほどの石井氏の史料にも載っていたと思うのですが、多量の米とか、そんな物を持ち去る行為で、しかも荘園などでは、大袋犯の跡、つまり大袋犯の没収地だとよばれている土地もありますす。だから単なる〝こそどろ〟とか、そういうようなものでないことは確かだろうと思います。

**石井**　では、「追捕狼藉者所務也」という但書があるのですが、「昼強盗」と「追捕狼藉」というのはどこが違うのですか。

**笠松**　形態は同じだと思います。追捕は、自分が正当性を持って、主張を持ってやっているわけですから、夜やるはずはないので昼やるものだと思うのです。それに対して、追捕という名の目的を持っていないのが「昼強盗」ということになります。では何を名目としてやるのか、それはわかりませんが、当然持っていっていいものだというような主張があったと思います。大変紛らわしいのですが、『建武式目』になってくると、「昼討入」というようなものが出てきます。これもまた質的に親近性のあるものでしょう。

もちろんこれは、あくまでも訴訟手続上の分類ということを念頭にしておく必要があります。

**石井** むしろ裁判所の方で認定するわけですね。

**笠松** そうなのです。調べてみてそれが追捕にかかわっていれば、それはあくまでも所務沙汰の方に入れるけれども、それが追捕でないと認定されれば、「昼強盗」として検断沙汰の対象となる、こういうことだろうと思います。

**石井** 形態とか当事者の主張とか、そういうのではなくて、裁判所側の判断によって決まってくるということですね。

**笠松** 外から見れば、昼強盗も追捕も非常に似かよっていて、その特質というのは、行為者が自分を公然化しているというところだろうと思います。

アメリカのデパートで、ヨットかなにかが飾ってあって、白昼集団でやって来て堂々と持っていったら、だれも不審に思わなかったという話を聞いたことがありますが（笑）、そういうように昼間堂々とやる行為は、夜間あるいは昼でも、人目にかくれてやるものとは、まるで違うものと考えられていたということです。

**石井**　「大袋」と「昼強盗」が、『武政軌範』ではなくなってしまうわけですね。

**笠松**　ええ。

**石井**　それはなぜなのでしょうか。

**笠松**　細かい話になりますけれど、『武政軌範』が『沙汰未練書』を手本にしてつくられたかどうかということに関係があって、もし下敷きにしているとすれば、特におとしたということは問題になりますが、もしそうでなく独自につくられたのであれば、こういう細かいものまで載せる必要はない、と考えたということもあります。

## 境目の犯罪

**石井**　「路次狼藉トハ」というのは、以下の全部に係るのですか。

**笠松**　いや、そうではないでしょう。

**石井**　「追落」というのはどんなこと？

**笠松**　それはつまり、たとえば、「山落」というのは「山」という場所になるわけですね、佐藤氏が『中世法制史料集』第三巻の語注で書かれていますが、「落《おとす》」という言葉には、物を奪うという意味があって、その上に「山」とか「追」とか、……きっともっとほかにもあったのではないかと思いますが、そのようにして出来た言葉なのでしょう。
**石井**　落宿《おとしやど》という言葉もありますね。
**網野**　宮本常一氏の「土佐源氏」（『忘れられた日本人』〈著作集10〉）に盗人宿というのがあって、それを「おとし宿」といった、と書いてありますね。落宿というのは、どろぼう宿ということです。この「落宿」の「おとし」は、この「追落」の「おとし」に関係するのだと思います。入間田氏も言っていたと思いますが、「山落と号し」といって「山落」は正当な行為だという考えがあったのでしょう。
**石井**　「号する」と言っているからですか。
**笠松**　全くの無法でものを奪うというような山賊と、「山落」とどう違うかということになれば、「落」という言葉が独特の意味を持っていたのではないかと思います。
**石井**　「落宿」もそうかなあ……？
**網野**　そうだと思いますよ。「落宿」はひそかにだけれども、「山の腹にポツンと一軒」あったと宮本氏が述べている通り、実際にちゃんとあったようですね。
**石井**　交通路が山地を横切る要所要所に、点々とそういう「落宿」があったんですね。
**網野**　ということは、「山落と号し」ということとも関係してくるけれど、山という場では「落」という行為は正当な行為とみられていたのではないかと思います。海賊も同じで日本の場合「海賊衆」というのは、マイナス評価の言葉ではないわけで、むしろプラス評価で水軍そのものを意味しているわけです。海賊には海賊の論理があって、海や湖のある場所を通過する船からものを取り上げるのは当然であり、相手の船もそうしなくてはならないのだ、という論理があったのだと思うのです。だからそういうところが関所になるんですね。山とか海とか路次のような場の性格が問題なのだと思うのです。女捕だって天下公許なんていわれる場合もあります。

**石井**　どこなら天下公許なの？

**網野**　辻でしょう。ただ男をつれないで輿車にものらないで歩いている女の場合のようです。これは中世の罪の特有な問題なのか、あるいは人間の社会のもっと本質的な問題に通ずるのか、それは簡単には言えないけれども、どの罪を取り上げてみてもそういう反面の論理が出てくるわけです。時代的な問題ともからむので、早い時代には正当な行為とされていたのが、時代が降ると罪になるという問題は、いつも出てくると思います。

**笠松**　ですから、「苅田、苅畠」「路次狼藉」に一番はっきりしているわけで、これは少し前までは所務沙汰だったわけです。それと同じように、恐らく「追落」などもだれが見ても明らかな検断沙汰というものではなかったということが考えられていいわけです。それはどういうことかというと、今の網野さんのお話のように、一つは通行税的な、そういう主張、あるいはもう一つは勝俣さんのお仕事（「国質・郷質についての考察」、『戦国法成立史論』所収）にあるような、郷質《ごうじち》だとか所質《ところじち》とか、通行人から、その人間が債務者でなくともその人間を含んでいる地域の債務を取り立てるという寄沙汰《よせ》に近い行為が、「追落」や「路次狼藉」、そのようなものであったのではないかと思います。

**石井**　とすると、さっき境界的とおっしゃったのは、罪の中で、検断沙汰、雑務沙汰、所務沙汰との間の境界という意味で、罪になるか、ならないかという意味での境界とは、また少し違うわけですか。

**笠松**　そこは微妙ですが、たとえばある借金を取り立てるために「山落」なり「追落」をやりますね。やったこと自身が悪いかどうかというようなことと、それが雑務沙汰に入るか検断沙汰の対象となるかは、本来的には別の問題です。しかし、もちろんこの二つが無関係ということはありません。その辺は複雑に入り組んでいて、境界的という意味がどうしてもあいまいになってしまいます。

**網野**　私は、路とか辻に関する社会的な通念に関係することを、ちょっと言っただけで……。

**笠松**　どんなに理由があっても「追落」をやってはいけないのだ、「苅田」をやってはいけないのだという考え方、これはいろいろなところに出てくるわけです。裁判でも、たとえどんなにその人に理があっても、こういう形態はとってはいけない、という現代と同じような考え方も一方には必ずある。それが強調されれば、「追落」そのものが悪いのだという観念が出てきて、だからそれが検断沙汰の方に入る。しかしその入り方がストレートに悪いと思われたから検断沙汰へ入ったというわけではない。それがピッタリ一致していれば非常に簡明なのだけれども、そこの入り方が複雑で、私などにはとても説明できません。悪党など、一番象徴的な例だと思います。

## 祓と刑罰

**石井**　さっき網野さんがお話になったように、「山落」、「海賊」など、山とか海という場ではある程度当然のこととして認められている慣習、その場に応じて正当なものとして認められている慣習がある。ところがその場が違うとそれは認められない、罪になるということがあり得る。あるいは、その同じ場の中でも従来は正当な慣習であったものが、上部の権力その他の判断によって罪と認められる場合がある。そういう問題点が出たわけです。そうなると、中世において罪と認められる行為とそうでない行為というのは、どこに境界線があったか、社会的に見て罪とは一体どういうものだったか、という問題が出てきます。非常に大きい問題なのですが、「中世の罪と罰」という書名である限りは、ある程度これを問題にしないといけないと思います。このように申しましても私に名案があるわけでは全くないのですが……。ただ罪に対する処罰のあり方というものを考えてみれば、ある程度見当がつくのではないか、と思います。

本書の中では、勝俣さんの「家を焼く」（第2章）の中で、そういう問題が非常にはっきり出ていました。日本法制史の通説では、最も原始的な法体系において罪に対応するのは「祓」であるとされています。だからその時代には「罪と罰」ではなくて「罪と祓」と言わなくてはいけないわけです。「祓」とは、広く言えば、罪によって発生した穢《けがれ》を一定の地域内から祓い捨てる、災いの基を祓うことで基本的には罪に対する処置が済む、という考え方です。

勝俣さんによれば、中世の荘園領主の罪に対する原則的な措置は、結局犯人を荘内から追放し、犯人の住んでいた家を焼くとかこわすとかしてしまう。それによって一定領域内から罪を犯した人間も、その人間が持っていた災いの災気も消滅させてしまう、ということですから、これは原始的な法体系の「罪と祓」に相当する段階だというように思うのです。それから「祓」によって解除されると考えている場合、その罪とはある意味で宗教的な、神聖なものに対する罪と考えられていることになるんでしょうね。

**勝俣**　私は本書では、「家を焼く」というのを非常に単純に書いてしまったのです。後で考えて追記として最後のところに書き加えておいたのですが、ほかの家を焼くという行為と犯罪によって家を焼くという行為との関連が自分では見出せないので、その点が弱点として気になっていたのです。そこへつい最近、清田善樹氏の「中世の大和における住屋放火」という論文（『奈良国立文化財研究所創立30周年記念論文集』所収）が出まして、この家を焼くという刑罰は、祓の観念にもとづくというより、犯人の生活基盤を消滅させることを目的とした中世的刑罰である、と主張されています。

この「穢」という問題を、犯罪穢に限らないで血穢・死穢などまでを、あの史料の中に入れてしまったというところがあって、祓の前提となる穢の問題があいまいになった点は反省しているのです。現在私は「家を焼く」ということ全体を、大名が自焼没落するとか、もっと広く言えば、「家を壊す」というのだと「逃げ壊《こぼち》」の問題と全体的につながるようになれば一番いいのだが、と考えているわけです。どうもこの時代、中世の人々にとって人がいなくなった――現在でいう空き家ですが――空き家というのは、少くともあってはならないと考えていたとすると、全部うまくいくのではないか、というような気がしているわけです。すなわち、家人の居住しない家というのはあってはならない存在と言いますか、不吉な存在、領内に災いをもたらすと考えられてきた。このように建物に対する観念が基底にあって、家を消滅させて災いを除くと言いますか、家人を追放した後のだれも住んでいない家というのは除かなくてはいけないという……いわゆる消滅ということになりますが、ある意味では「祓」というふうにいくかどうかわかりませんが、「寄宿の罪」で焼くこととあわせ考えると、つながる側面があるだろうと思います。

このように考えますと「自焼没落」とか地頭が逃散百姓の家を壊す「逃げ壊」、入間田氏の、百姓も自分で家を壊して逃げ出す、というのも（「逃散の作法」、『日本中世の政治と文化』)、すべて自然に説明がつくのではないかと考えているのです。ただ〝人の住んでいない家はなぜ存在してはならないと考えられていたか〟という「家」という建造物に対する一番根本的な観念は、自分でもまだよくわかっていないということです。

**石井** 私としては、勝俣さんの言われることを前提として、実は大変都合がいいのではないかと思っていることがあったのですが……。

**勝俣** どうもあれだけでは、清田氏の刑罰説にはいまのところ賛成しかねる……。

**石井** 「祓」は刑罰でないわけ?

**勝俣** 要するに、原始古代の祓とは関係のない荘園領主が設定した刑罰である、という主張で、それ以前は「家を焼く」というのではないのではないか、とこう言われるのですが……、私はそこのところがどうも納得いかないのです。

**石井** それはつまり刑罰というか、罪に対してどういう手段をとるか、という手段の問題なので……。

**網野** ただ清田氏は論文の中で「焼かれた場所が穢れた場所になる」という史料が、『春日社記録』(「中臣祐春記」嘉禎二年八月五日条)にあると言っています。本来清めるために焼いた場所が、なぜ穢れた場所になるのかというのが、氏が持ち出した論点の一つなのです。それから、住宅破却が家を焼くよりもむしろ前の形態ではないかと考えられているように思ったのですが。もう一つ清田氏の論文で非常におもしろいと思ったのは、かまどがある家でないと破却の対象にもならないし焼くこともできないという点です。

**石井**　かまどがないと家ではないわけですか。

**網野**　いま勝俣さんのお話を聞いて思いついたのですが、裏返して言うと、だれもお守りをしないかまどがあるということ自体が、恐らく不吉なことだったのではないでしょうか。だから逃散するときも妻子は残していくでしょう。完全に空き家にしてしまうとまずいのではないですか。

**勝俣**　かまどがなさそうな家も壊している例もあります。完全にはいかないと思います。そういう傾向はあるでしょうが……。

**石井**　しかし、かまどだけを問題にすると、かまどというのはもともと西のものなのだから、東には家はないという結論になってしまう……（笑）。

**勝俣**　さっきも石井さんが言われたように、「祓」だって全部「祓」というより、その観念を基底において、中世的な刑罰が形成されたと思っているわけです。

**石井**　そうですね。だって原始的法だって「祓」だけではありません。いくらでも現世的な刑罰があるんですから。

**勝俣**　清田氏のように祓と刑罰を厳密に分けるのではなくて、そういうものが刑罰へ転化してくるとき、あのような刑罰の形態をとると考えたわけですが……。

## 二つの罪観念

**石井**　勝俣さんの説があんまり変わってしまわないうちに、考えてきたことを言わせて下さい。「家を焼く」（第2章）と私の「身曳きと〝いましめ〟」（第10章）との間には一見矛盾があるのではないか、ということが気になっていたんです。勝俣さんによれば、中世の荘園では罪に対して「荘外追放」と「祓」以上のことはできない。ところが私は荘園内でも、つぎつぎと犯罪奴隷や債務奴隷が発生すると書いたわけです。でも勝俣さんのあげられたのは、奈良とか荘園領主の膝下の地域とか、荘園領主の対応だと思う。それに対して私が問題としたのは荘園領主ではなくて、もっぱら在地領主の方だから、一見くいちがうように見えても、それはよいのではないか、これが第一点。

第二点は、笠松さんが何回か書かれたり（「中世国家論をめぐって」、『日本史の発見』）、しゃべっておられることですが、ヨーロッパでは裁判権を持っているのがその地域の領主で、だからだれが裁判権を持っているかということが重大な問題なわけです。ところが日本ではその裁判権をだれが持っているかということはめったにわかりませんし、どうも裁判権というのはお互いにあまり持ちたくないもので、なるべく他の人に押しつけ合うところがあるのではないか、というのは笠松さんの持論ですね。大変高く評価されている説ですが、ただ私が言いたいのは、俺は裁判権を持ちたくない、というのは在地領主の方ではなくて、荘園領主の方ではないか、ということです。荘園領主の方は、現実の領主ではないから裁判権などはいらないといって、ほかの人に押しつけようとするかもしれないけれど、在地領主はそういうものは人にあげるとかそういうことではなく、検断権を中心に着々と支配を固めていったのではないか、という単純なお話です。

**笠松**　よくわからないのは、勝俣さんのお話によると、荘園領主法の系統では、追放と破却、石井さんのお話では、逆に取り込んでいく、つまり奴隷化ですね、この違いは、荘園領主と在地領主、つまり貴族的なものと武士的なものの違いからくるのですか。

**石井**　そうですね。非常に古い言い方かも知れませんが、荘園領主と在地領主とを分けて言ったわけで、広く言えば武士かもしれないのですが……、現地の村落の指導層と言ってもいいのでしょうかね。

**網野**　そうでしょうね。「未進と身代」（第9章）でも少し書きましたが、未進は本来荘園領主に対する年貢の未進であるはずです。ところが身代をとるのは荘園領主ではない。地頭や預所、あるいはその代官のような現地の秩序の保持者が身代をとるわけです。その場合には身曳きと同じで、百姓は在地の代官や地頭、預所の下人にならざるを得ない。

これも「盗み」（第6章）で笠松さんが書かれたことだけれども、幕府法の秩序と、窃盗に対する現地の厳しい処罰との違いとも関係するかもしれません。

日本では『魏志倭人伝』や『隋書倭国伝』以来、盗みや訴訟は少いけれども、いったん盗みをした場合の罪は、「妻子を没し」、「門戸及び宗族を滅す」というほどものすごくきびしい、と言われています。そういう流れが在地の方には生きているのに対して、これとは異質な罪と罰の体系が上の権力の方にできているということはないでしょうか。

**石井**　それはまた勝俣さんのおっしゃったことでもあるでしょう。

**勝俣**　笠松さんの「盗み」が一番はっきりしているのではないですか。

**石井**　それが皆さんに共通のお考えだということですね、私もそれに大賛成なのですが……。

## 聖の罰、俗の罰

**笠松**　罪ではなくて罰の方に視点をしぼると、荘園領主はマイナスの方しかできない――マイナスというと何となくおかしいけれども、家を壊したり、人を追っ払ったりする。もう一つ、それと逆なのは、そういうものの跡を没収しあるいは人を取り込むというプラスの方のやり方と二つの系列がある、と思うのです。

このプラスの方の根源というのが、日本の歴史上では大事な法理だと思います。よくわかりませんが、犯罪が行われていればその現場に行く、あるいはその犯人と接触するということは、危険はもちろんとして必ず穢とかそういうものを受けざるを得ないわけです。にもかかわらずそれを半分義務としてやらなくてはならないという人間の集団というものがあります。もとはわからないけれども、これは中世で言えば武士の方の系列で、明らかに幕府の方の系列がそれを義務として負ったものだろうと思うのです。だからそういう系列というのは、犯罪が起こればそこへ行ってそれを摘発し追捕して、しかしそのかわりにその跡を没収し、その人間を殺すなり自分の家人にしたり、奴隷にしたりすることができる。それに反して荘園領主というのは、寺社はもちろん貴族でも、そのようなことの本来できない立場の者であって、マイナスの方の罰しかできない。プラスの方のできる人間、言ってみれば俗の方の人間の中で一種の独占的請負いということになってきて、これが武士の方の系列として発展してくるのではないでしょうか。入り混っていますから、なかなか具体的に言うことはできませんが。

網野　それはすごく重大なことですね。

石井　原始・古代社会から新しい社会になったんですね。

## 武士と非人

網野　そう簡単にはいきませんよ（笑）。いまの笠松さんの話を伺っていて、前から気になっていたことですが、いま武士は住宅破却をして穢れた場所へ行ってそれを自分のものとして取り込むといわれたでしょう。たしかに、「聖」の方の世界では、非人、犬神人がそういう穢れた場所を処理するために、どうしても必要になってくるのだと思うのですが、武家、武士の方ではそういう機能を持った人たちは出てこないのではないでしょうか。東と西にもこれは関係すると思うのですが、「聖」なる世界だけにかぎらず「穢」の「祓」は、西の方では戦国期になっても簡単には消えない。

つまり非人という存在、職能集団がどうして必要なのかということと、いまの問題とは絶対に関係あると思うのです。東国の方、武家・武士の方は非人の存在が目立たないのは、武士のあり方そのものの問題に関係してくるので、それは「悪」と恐らくかかわりがあるのではないかと思うのです。

**笠松**　武士は合戦というか、本来そういうことを「芸能」としているわけでしょう。検断を芸能としてできるというのはおかしいけれども、その頂点にいるのが、中世でいえば幕府の首長であって、それが諸国検断権を掌握している、そんなに簡単にはわり切れないでしょうが……。

**網野**　そこに至るまでにはいろいろなことがあるのではないですか。たとえば、人を殺すことが「芸能」であることについて、武士の間に深刻な悩みがあったことは、熊谷直実の例でもよく知られているわけです。

最近、非人の問題について議論する機会があったのですが、黒田俊雄氏は、叡尊は「非人」として「カタイ」などといわれた集団をとらえたのに対し、親鸞は「非人」という言葉は使わない、という点を指摘していました。親鸞はむしろもっぱら「悪人」という言い方をするわけですね。いまの問題に即して言いますと「悪」というとらえ方は、武士の世界の方にどうしてもつきまとうところがあると思うのです。穢に触れるということだけでなく、殺人者として、また犯罪者の物を自らのものとして取り込むということをやることについて……、武士はそういうことをやらなければならない、むしろそれを「芸能」としているわけで、彼らがそういう問題をどう処理したかは、罪と罰の根本にふれる問題になると思うのです。

一方、西国、寺社の方では、非人という、まさしく穢を「清目」る職能集団をつくって、その人々にやらせて自らは手をよごさないという方法をとっている。その点が武士の場合と決定的にちがうのではないでしょうか。死刑の執行にしても、鎌倉時代の武士の場合は、自ら相手の首を切るのではないでしょうか。もちろん室町期や江戸時代にはちがってくるでしょうが……。ところが「聖」の世界の方では、首を切るのは非人にやらせる。だから別の整理の仕方をすれば、罰を加える側の意識についても、在地領主と荘園領主との間では区別して考える必要があるのではないか、と思います。

**石井**　そうですか。それで笠松さんはあえて「武士」とおっしゃったわけですね。

**笠松**　ただ、本来の律令制下の、検非違使とかそういうところでは、どのようになっているか、私にはわかりません。

**石井**　しかし本来の律令制といっても、検非違使というのは令外官ですよ。本来にはないのではありませんか。本来にないということはどういうことなのか、ですよ。律令制的な国家機構は、そういう独自なものは必要としないのでしょう。

**網野**　現地主義でしょうね。

**石井**　ええ、現地主義、現実の社会関係の中でそれが行われているから必要としないのでしょう、きっと。

**網野**　問題は古代の時期の在地のあり方、社会の中から一方は非人を生み出し、他方は武士のようなあり方がでてくるのです。それが古代のあり方とどうつながり、どう変わるか。

**石井**　これは、むずかしいですよ。

**網野**　一応、古代の「祓」の方は、寺社について辿れるわけです。『春日社記録』を見れば「祓」がもっぱら行われているから、そちらは多少はつかめるわけです。わからないのは、武士の方の根源を、古代社会のどこに求めたらよいか、ということです。東と西の社会の違いである、と言ってしまえば事は簡単ですが……。

**石井**　では簡単に、東はこうである、西はこうであると言って下さいよ。

**網野**　それがそう簡単にはいかないのです。いかないから困っているわけです（笑）。

## 出挙と債務奴隷

**石井**　さきほどは簡単にしか言いませんでしたが、「身曳きと〝いましめ〟」(第10章)では、「曳文」を使って、犯罪奴隷化と債務奴隷化――「曳文」や「身曳き」は犯罪奴隷の場合も債務奴隷の場合もその形式ですから、債務奴隷と犯罪奴隷という二つを導き出したでしょう。犯罪奴隷の方はもう申し上げたのですが、債務奴隷というのは網野さんの「未進と身代」(第9章)にそのままかかわってくる問題なのです。

私が言いたいのは、なぜ在地領主が犯罪奴隷化できるのかといえば、それは検断権を持っているからだということです。これは非常に明らかだと思っているのです。

それに対して、債務奴隷化できるのはなぜかといえば、検断権に対応して言えば年貢をとる権利、その前提としては出挙する権利あるいは義務、というものにつながる。犯罪奴隷と債務奴隷を支配下におけるのは、在地領主が検断権プラス年貢徴収を請負っていると……。

**網野**　勧農権?

**石井**　勧農権、という言い方にはちょっと抵抗があるんだけど、年貢徴収と検断権と両方持っているということだと思います。これもある意味ではあまりに古い常識的なイメージかも知れませんが、結局はそういうところにいくのではないかと思うわけです。

いま原始・古代と中世の、つながりと違いということが、犯罪奴隷の方で問題になりかかっていて、そちらの方もまだ十分はっきりしない段階ですけど、もう一つの年貢徴収の方でいきますと、網野さんが第9章で言われたように、前提は出挙だと思うのです。そして網野さんが引照されている戸田芳実氏の説（『日本領主制成立史の研究』）によれば、奈良時代末から平安初期にかけての富豪層、そのつぎの時期の大名田堵といわれる有力な農業経営者、それが展開して領主になって行くわけですが、彼らの基本的な支配のシステムは出挙であり、それによる租税の代納でした。ですから網野さんが言われたように、身代をとるのは中央の荘園領主ではないですね。というところで、年貢徴収の方も古代につながっていきます。ただ、さらにもう一つ前の原始までつなげていくとどうなるのか。出挙というのはそもそも、共同体の中の倉庫の一種に収穫物を全部集めて、その倉庫に集められたものを共同の管理で貸出していたのが出挙の起源である、という説もあるんでしょう。

網野　日本の場合、倉庫を首長が掌握する形になっているのでしょうから、当然古代の首長による出挙にまで確実にさかのぼることになるでしょうね。盗みの方は『隋書倭国伝』に出てきます。役身折酬の原型になりますが、贓物《ぞうもつ》を払えない者は「身を没して奴となす」というのが出てきます。出挙の場合でも同じだったのではないか。いずれにしてもこれは古代も中世も原則的には変わりないのではないか、江戸時代になっても同じ方向で考えてみる必要があるのではないでしょうか。

石井　江戸時代はどうですか。

網野　さあ、どうなのでしょう。未進すると奉公人にならなければならないという話を聞いたことはあります。

石井　あゝ、やっぱり。

網野　中世後期もそうだけれども、江戸時代は年貢が村請になっているから、どうなるのでしょうね。大分ちがってくるのだろうとは思うけれど。

石井　前にさかのぼって原始・古代の方にいけば、中世の検断権にあたるものを握っていたのは在地首長ということになります。『筑後国風土記』に出てくる筑紫の国造の磐井の墓には、政所とよばれる特別な区画が付属していて、裁判官の前に裸の犯人が平伏し、ぬすんだ猪四頭もみな石像で現わされていたというのです。そういう在地首長と在地領主との関係が、形式的に整理していくと、どうもほとんど同じように見えてくるのです。

網野　どこが違うかということが、むしろ問題なのかもしれない。

石井　だからそこが知りたいわけです。近世との違いについては、第10章で書いたように、形式的であれ「曳文」を出さなければならないのが中世で、近世はそういうものを全く必要としない、判決の申し渡しだけですべてが済む、というところが、非常に大きい違いだと考えているのです。対馬藩は中世的遺制がかなり後まで残っていた藩の一つらしいので、それだけに中世からの連続面も、また原理的な差異というものも、はっきり出るのではないかと思っているのですが。そういうことを少し問題にしていただきたいと思っています。網野さんの説（第9章「未進と身代」）は大変都合がいいのでいつも愛用しているのですが、ただ荘園史料の中には、そこに引かれた弓削島ほど都合のいい史料はめったにないのです。それは荘園領主の側では本来そういうものを残す必要がなかったから残らないのだ、というように言っていいのだけれども、逆に言うと、ではなぜ弓削島の場合は残っていたのか、特にあのような史料が残らざるをえなかった理由はどこにあるのでしょうか。

**網野**　それはそれなりの理由はあるわけで、代官が東寺に文書を送ったので残ったわけですが、このような文書は貸借関係の文書だからそれが決済されれば破棄されるでしょう。だからふつうは残らない。文書を作成しない場合も多いでしょうが、米以外の年貢をとるときには、こういう手続は必ずやっているのではないかと思います。

**石井**　米をとるときはどうですか。

**網野**　米の年貢のときは出挙米の証文として文書が残ることもあるけれども……。

**石井**　出挙の古文書というのもそれほど残りませんよ。

**網野**　そんなにたくさんはないです。ただ毎年の勧農の手続の最初の「種子農料を下す」というのが出挙ですから、これはむしろ日常の手続といってもよいし、文書にしても雑務関係の文書ですから、なかなか残らないのだと思います。

それよりも根本的な問題は、なぜ貢物を出さなくてはいけないかということだと思うのです。年貢は「土宜《どぎ》」でしょう。その土地の特産物を出すというところに一番の根源があるわけです。それを追い詰めていったらどうなるかということです。

## 年貢対捍の罪

笠松　出挙ということをあまりよく知らないのですが、借りた物は利子をつけて返すということになるのですか。それは確かに返さなくてはならない、だから年貢は払わなくてはならないし、払わないものについては何らかの制裁をする、これは中世でいえば明らかに雑務沙汰の系列に入ってしまう。私の考えでは雑務沙汰に対する権力側の対応は、基本的には当事者同士で解決しろというのが原則であって、払わない者に対して、権力の強制執行といった対応が出てくる要素は非常に少い。つまり年貢を取り立てるという一番根幹に属するものを、そういうレベルで考えてよいのかどうか、というのが素朴な疑問としてあります。

網野　その通りだと思います。

笠松　結局は年貢というのは何で払わなくてはならないか、ということになってしまうかもしれません。

網野　出挙米の貸借の形式は、必ず「一把」、「二把」という古い形式をとっていて、ふつうの貸借ではないと思うのですが、訴訟の分野からいえば雑務沙汰なのです。だから文書も残らないのです。

**笠松**　レベルを下にしてしまってよいのか、と言ったのですが、実際問題として、そうだったのではないかという気がするのです。年貢を払わない人間に対してどのような制裁を加えるかというのは、結局、借金を払わない人間と同じレベルのこととしてしか考えられていない、というか、そっちの方で考えてもよいのではないか、というような気もしないではないのです。

**石井**　しかし、年貢取立てに関する問題は雑務沙汰ではないわけでしょう。

**笠松**　それは確かにそうなのですが。

**石井**　所務沙汰であるということは、逆に言えばそれが貸借関係ではない、ということになるわけです、中世人にとっては。

**網野**　そこのところが大問題だと思うのです。

**笠松**　一番最初に言いましたように、『沙汰未練書』は「所務沙汰は下地相論」と規定しているわけです。本来からいえば下地相論であって、その後の問題というか、年貢を払わないという問題は、それに派生してきている問題としてしかとらえられていないのかもしれません。

**網野**　少くとも残っている証文を見る限り雑務沙汰系の文書ですね。ただ「高質」をとるという担保文言がよくでてきます。こういう言い方は、ふつうの貸借の証文でもあるでしょうから、とくに特異とはいえないでしょうが〝いかなる権門勢家の御領をきらわず〟という担保文言もよく出てきます。年貢未進に関連して拾った文書にはそういう文言が多いのですが、これが偶然なのかどうか私はよくわかりません。

種籾の問題は非常に大切なことなので、それを貸すという点で、出挙はふつうの貸借とは違う慣習が背景にあると思いますが、この慣習に違反したものを権力がどうするかということは問題です。戦国期だと問題がもっとはっきりするのではないですか。

**勝俣**　貸借の問題ですか。

**網野**　いや、年貢未進と貸借のかかわり方です。

**勝俣**　年貢の未進に対する処罰については、貸借の場合より形態に多様性があります。

**網野**　戦国大名は、寺社のような荘園領主の系列を引いていない俗権力でしょう。荘園領主の場合には、さきほどでたような「聖」なる領主という性格を持っていることが多いから、年貢の未進をした百姓を自分から追及することはやらない。結局対応の仕方は年貢納入の責任を持っている代官や荘官を罷免する、あるいは未進分を弁済させるという方向で対処するわけです。しかし戦国大名は俗権力として組織化されているわけだから、いまの問題をそちらの方から照らし出してみると多少わかってくるのではないですか。

**勝俣**　具体的には、現在のところわからないのではないですか。

**網野**　それも今後の課題ですか。

## 不忠の罪

**勝俣**　少し話が違うのですが、鎌倉幕府では、御家人が定まった軍役などの義務をおこたった場合、どうなるのですか。

**笠松**　勝俣さんのご質問は、こういう意味でしょうか。私的な契約という観念を、もう一つ高い次元で考えてみる、関東御公事、つまりご恩に対する奉公とかそういう観念とどのように混り合うか、関係はないのか、というように……、年貢を払わなければそれは公の罪だというような観念がどこかから生れてきているのではないか……。

**石井**　名主の不忠の罪になるのではないですか。名主の行動に対して不忠であるというような言い方は意外とよく出てくるみたいですね。年貢未進も不忠に入れられてしまうんじゃないでしょうか。

**網野**　その方向で考えてみる必要はありますね、確かに。年貢を請負っている代官の場合にも、そういうことはあると思います。荘園領主の場合は問題にならないけれども、不忠といえば軍役が重要な問題になります。

荘園の名主の場合でいえば、公事の場合にはどうなるのか、ということになります。年貢・公事の未進といって、ふつうは同じもののように考えられているけれども、公事は年貢とは本来違うものなのです。公事の対捍はどういう追及のされ方をしたのでしょう。

**石井**　年貢が出挙に対する返弁であるとすると、公事は一体何に対するもの……ですか。

**網野**　公事については、前に、『日本中世の民衆像』（岩波新書）で書いたこと以上には考えていないんですが、関東公事と言われる武家の方で、いまの問題を考えることはできないでしょうか。大番役を対捍したときにはどうなるのか、「大犯」といわれるほどの処罰を受けるのかどうか……。

**石井**　というか、あまり大番役対捍というのは出てこないと思います。

**笠松**　記憶にないですね。大番やりたい、というのはたくさんいるけれど（笑）。

**石井**　どうでしょうね。蒙古襲来の後になると軍役はかなりきつくなるから、……鎮西の異国警固番役か何かでもないでしょうか……。

**網野**　確かに番役の対捍の例はあまり見たことがありません。戦国時代には軍役を対捍したらどういうことになりますか。

**勝俣**　所領を没収するぞ、というのは出てきますが、実際にしたかどうかというのはわかりません。

**石井**　そういう目でもう一回調べてみなくては。

**網野**　公事として賦課される軍役を対捍することは、身分そのものの放棄になるからできないのでしょうか。

**石井**　直接の史料はすぐに思い当たらないですね。

「アマニナス」

**勝俣**　「阿氏河庄言上状」の解釈（第3章「ミ、ヲキリ、ハナヲソグ」）ですが、非常にむずかしくて私自身あまり自信がないので、うまい解釈があったら教えていただきたいと思います。

**石井**　「ヲンサイモク《（材木）》ノコト」の一番最後の「サイケイチウ《（在家一宇）》、チトウトノエ《（へ）》コホチトリ」地頭が百姓の在家一宇を「コホチ」とったということと、その前の「テウマウ《（逃亡）》ノアトノムキ《（麦）》マケト候テ」の〃ミミキリ、ハナソギ〃のところとの関連はどうなるのでしょうか。

**勝俣**　これは、地頭が行った逃亡百姓の家に対する逃げこぼちだ、というように解釈すると、全体がつながるような気がしています。

**石井**　そのように考えると、逃亡百姓に対する地頭側の処分というところで全部一貫して、私にはとても理解しやすいですね。

**網野**　私も全く同感です。ただつぎの第五条がよくわからないのです。「スナウノコト、レウヲ、チトウノカタエせメラレ候ヘハ、せウ〳〵ハカリニマカリイテ、候ヘハ、ヒクレ《（日暮）》候イヌ」ということになって「トモカラノイエニ、ヤト《（宿）》ヲトテ、トマテ候ヘハ」どうして地頭の「トノヒト」が武装し、宿をおそって百姓の首を切ろうとして、襲いかかってきたのか。収納料を責められたから、地頭のところに弁明にいこうとしたところ襲われた、とふつう言われているけれども、それだけのことで何の理由もないのに、いくら地頭でもこんな強引なことはやらないだろうと思うのです。そこでこの「せウ〳〵ハカリニマカリイテ、候ヘハ」というのは、百姓が逃散したのではないかと思うのです。それから第六条の「クシウツカマツリ候コト、二百センマテソナヘ候コト、タヘカタク候」の「クシウ」は供餉（山本幸司氏の教示による）、「二百セン」は「銭」ではなく「膳」と考えるとよくわかります。饗応の強要なのです。つぎの「四人ノ百姓」は逃散百姓で領家の方は「安堵」させろというけれども、地頭が「コカミ」――これがわからない――をかけるから、百姓はこまるといっているわけでしょう。いまの問題とは直接関係はしないのですが、この申状の解釈にはいろいろ問題が残っているから、意見を伺いたいなと思っているのです。

もう一つの問題は、「ミ、ヲキリ、ハナヲソキ」というように人を「異形」にしてしまう処罰の仕方。「異形」にされた人間は、さきほどの〝尾を切られた牛〟と同じでふつうの人と同じには見られなくなる。すぐに「非人」と言っていいかどうかわかりませんが、「非人」として扱われてしまう可能性はあるわけです。

しかし、石井さんのとりあげられた「身曳き」や私の書いた「身代」の場合は、下人にはなるけれども、こういう身体に加えられるような罰はうけない。とすると、どういう罪のときにこういう「異形」の罰をうけて、どういう場合には下人にされるのか、これは「罰」の性格の問題でもあると思うのですが、「罪」の性質が罰の性格となにか関連するのかどうか、ということです。

**笠松**　一般には詐欺罪がそれに対応するのだ、と勝俣さんは言われるわけです。

**石井**　この場合、百姓の逃亡が直接のきっかけであるとすると、地頭の側から言えば、詐欺か何かへ持っていく口実があったということでしょう。

**勝俣**　あったかどうかということがわからないので困っています。

**石井**　百姓側からの発言だけだから、そこのところの脈絡が非常につかみにくいわけですね。

**勝俣**　もう一つは、対象が女性、子供、それに下人ですか、下人に対する処罰も多いような気がします。要するに財産を持たないといいますか……。

**石井**　結局下人であれば、主人の動産そのものだから、殺してしまえば動産を損傷することになって何の利益にもならない、マイナスだけだ、ということでしょう。

**勝俣**　ええ。

**石井**　だから焼印を押すとか、そういうことであれば労働能力そのものには損傷がない。これは確かにそういう説明がつきますねえ。それから細かいところなのだけれども、〝女子《メコ》ども〟なのか、〝女プラス子供〟なのかということにこだわっているのですが。

勝俣　なるほどねえ。

石井　女子《メコ》プラス〝ども〟ではないかと思うのですが、その女子《メコ》に女《オンナ》プラス子《コ》で子供も入るならばやはり同じになってしまいますが、それでも女プラスいま言う〝子供〟ではない。とにかくよく行われている女《オンナ》・小児《ショウニ》というのはふり漢字としてはよくないと思うのです。

網野　女子の方がいいような気がします。

石井　女子《メコ》で女性の場合ももちろんあるわけです。そこがちょっとむずかしいのですが。それにしても「ヲレラハ」という言葉の意味が勝俣さんの説で、はじめてよくわかりました。「おんどれら！」という感じでしょうか、とにかくすばらしい説です。

網野　よくわかりますね。

石井　それから話はちょっととびますが、奈良時代に和気清麻呂が道鏡に反対したために罪におとされて流罪にされますね。あの時は姓を別部と部のつく姓に変えられて、名前も清麻呂から穢麻呂にされた上で、流刑にされる。清麻呂の姉も尼だったのが還俗させられて、同じく流されてしまう。そのように、姓や名を変えられて罪にされることと、身体の外貌を傷つけて変えてしまう、異類異形にすることとは、意識の上で共通性があるのではないですか。

網野　それはあるのではないかと思います。中世社会の中での名前の意味の大きさを考えると、これは非常に大きな罰になりうるのではないかと思います。

石井　親鸞の場合も還俗させられて「罪名」という、罪人としての俗名を与えられて流罪にされています。

網野　それは笠松さんが問題にした、還俗したものが特異な扱いをうけるという問題（「仏物・僧物・人物」、『思想』六七〇）と絡んでくることだと思いますが。

笠松　この問題に即して言えば、この「アマニナス」というのがそういうことなのか、髪を切るということが即、尼なのか、〝髪を切る〟プラス〝尼になす〟ということなのか、……即、尼ならなぜわざわざ「アマニナシテ」という言葉をつけ加えたかというのが気になります。〝髪を切る〟という一種の肉体刑だけだったら〝尼にする〟と書き加える必要はないのではないか。

勝俣さんが言われるように、逃亡百姓と直接かかわっているのだったら「アマニナシテ」というのは、元の夫婦関係への絶縁を意味しているのではないか、という気がします。

石井　勝俣さんが書いておられたことですが、髪切り自体が独自の刑罰としてあるわけでしょう。そういう場合、髪切りの刑が、即ち尼にすることだということではないわけですね。

勝俣　ないと思います。この言葉、確かにちょっとひっかかります。

石井　本当ですね。「アマニナシテ」っていうのは、〝髪を切り〟プラス「アマニナシテ」ということでないと……。

やはり百姓の世界から切り離してしまうわけですか、縁を切らしてしまうわけですか。

**勝俣**　〝尼〟というのはこの時代どうなのですか……。

**網野**　話をそらすようですが、本当に鼻を切られたり耳をそがれたりしたら、非人になりますか。

**勝俣**　そこまですぐいくとはいえないにしても、やはりふつうの人間とは異った存在と意識されるのではないかと思います。

## 非人と下人

**笠松**　どういう状態になってくると非人とよばれるのですか。ある人間がいて、それがいわゆるこの時代の「癩病」か何かになってしまって、ふつうに生活していればいいのだけれども、肉体的な損傷があらわれる段階がくると、ほかの人間に交わっていけない、という状況になるわけなのですか。

**網野**　「非人宿」に行かざるを得なくなるときがあるのでしょうね。「癩の病」にかかってもすぐ非人宿に入るわけでなくて、自宅にいたければいてもいいのです。有名な史料ですが、家にいる病人を非人の長吏が無理に非人宿に入れてしまうようなことはしてはいけない、と叡尊が長吏たちに誓わせている起請文があります。

**笠松**　病気のせいでどうなるのかよくわからないのですが、それこそ鼻を欠損したりという状態が生じてくると、ほかに別の要素が加わらなくても、非人でなくてはならないような社会的規制があるのですか。ほかの人間と交われないような……。

**網野**　具体的には、そのことはなかなかわからないけれども、非人の中に身体に問題がある人々の一群がいたことは事実だから、そのように推測することはできると思います。

**笠松**　だから、ほかの人間とは交われないから非人宿へ行かざるを得ない、という状況がくるわけですか。

**網野**　そうでしょうね。そこには「病院」の機能もあるわけですからね。

**笠松**　もしそうであるなら、問題のある肉体にされてしまえば、そのことの理由の如何を問わず、とにかくその点によって非人にされてしまうことになります。

**網野**　一応、そのように言えるとは思うのですが、すべてが即そうなるかどうかという問題はあると思うのです。たとえば武士の場合はどうなのか。たとえば戦場で手を切られた、鼻をそがれた、足をなくした、といってもそれですぐ非人になることはないのではないかと思うのです。その辺について、さきほど話合った武士の社会の処刑や検断の問題をふくめて、非人の研究の視野をもっと拡げて考える必要があるような気がします。実際、このような処罰をうけた人間がどういう運命を辿らなくてはならなかったか、正直のところまだよくわからないというほかありません。

勝俣　笠松さんの〝牛の尾の話〟でいけば、あざけりの対象になることは間違いないでしょう。共同体の中では……。

石井　一人前と認められないということ……。

笠松　あの史料でいうと、群れの中にいてもすぐわかるとか、そういう状態は現実にはっきりした問題でもあるし、非正常の一種の象徴でしょうね。

網野　〝牛の話〟は本当におもしろい例だと思うのです。これで考えていくと、かえってわかりやすくなるような気もします。

石井　ということはどういうことですか。〝尾のない牛〟で考えるということは、……どのように考えるわけですか。

網野　ある集団の中で差別されるということでしょうね。

石井　でもこの場合は誇っているわけでしょう（笑）。

網野　そうそう。差別されることが、逆に、〝勝つ〟ことになるということを源順が言ったというのは、なかなかおもしろいと思うのです。思想的に見ても非常に興味が深い。「負けるが勝ち」という思想の系譜ですね。

勝俣　下人にするというのと非人にするというのは、さきに申しました〝あざむき〟だけではなくて〝聖と俗〟というのと関係ないのですか。〝聖と俗〟の問題と〝非人化するか下人化するか〟という問題が……。

石井　笠松さんのお話をもっと突き詰めていけば、聖に対しては非人、俗に対しては下人が対応するということになるわけです。

網野　しかしそううまくいくでしょうか。「俗」の方にも身体刑があるわけでしょう。そう簡単にはいかないと思います。ただ罰せられた後の人間の取り扱い方の点では、そういう区別がでてくるかもしれないとは思いますが……。

## 罪と罰

笠松　興味があるのは、あざむくという罪に対して肉体刑という罰が対応するという指摘。あるグループの罪とあるグループの罰が対応するという例はほかにはないでしょう。そういうものがもっとみつかれば、罪と罰の連関を考える上で非常におもしろいですよ。たとえばあざむくというようなことが総体としてどういう罪として考えられているかというのを知るのに、一番の材料になるわけです。

勝俣　それもすこし考えてみたのですが、あざむくというのは非常に広がってしまうし、あざむいて物を取るとか、複合的にでてくるので……。

網野　博奕の場合は、まさしくあざむいて物を取るわけだから、やはり身体刑ですね。

笠松　博奕の場合はどういうことなのですか。

網野　いまではイカサマ博奕をやると指をつめられる。
笠松　要するに、イカサマ博奕の罪なのですか。
網野　いや、そうではない。中世では博奕そのもので指を切られたり、鼻をそがれたりするのです。ただ博奕はそもそも最初からイカサマだ、盗みだ、という評価があるのかもしれません。
石井　いまお話のあざむきの罪と、さきほど笠松さんが「謀略」というのが乾元追加法に初めて検断の対象になったと言われたのですが……、それと何か関係があるでしょうか。謀略というのはあざむくということと関係がある、ない？
笠松　あるのではないかと思うのですが……。「謀略」という言葉が一般化して出てくるのはあそこだけなのです。
石井　それ以後もないですか。
笠松　と思います。
網野　そこではたしか博奕は軽罪だったでしょう。
笠松　ええ。軽罪です。
網野　それもまた不思議なのですが。何故、軽罪に分類した……。
笠松　それは幕府の統治者としての法意識だと思います。
石井　〝商人は人をあざむいて世を渡るものだ〟という考え方がありますが、その場合は、商人に対してはあざむきを認めているわけですか、渡世の手段として。

**勝俣**　よくわかりませんが『本福寺旧記』などをみると、そういう考え方がかなり強かったと思われます。

**石井**　これまでの話からすれば、罪の種類とか分類、ということがもう少し出てくるといいのですが。

**笠松**　たとえば「殺害」の場合、どういう理由で殺害したかということは別にして、殺害という行為自体に対してはこういう罰が相当するのだという考え方なのか、それとも何によって殺害が行われたかということによって違うのか、というごく一般的な問題があると思います。「謀略」という場合は、結果として謀略が盗みにもなれば殺害にもなることがあるかもしれないわけで、殺害とか放火とかいう種目分けとは性格が違うのだと思います。

**石井**　阿氏河荘の例で言えば、百姓の逃亡に対して〝逃げこぼち〟だけでなくて、耳切り、鼻そぎというものが出てくるというのは、二つの分類に対応しているわけですか。単なる逃亡だけでなくて、詐欺なり何なりがあるから耳切り、鼻そぎが刑罰として登場してくるのだ、ということですか。

**笠松**　そのような考え方だってあり得ると思います。

**勝俣**　逃げてなくてその辺をうろうろしていたのでしょう。どうもそんな感じがするのです。逃散のかっこうをとりながら、ですが。

**石井**　だからこそ、尼にして周辺の山野などにいる百姓との関係を断たせるということが出てくるのですね。逃亡した百姓たちはおそらく付近の山の中の小屋か何かにいるのでしょう。

**網野**　勝俣さんのいう通り阿氏河の近辺をうろうろしているのではないかな。文書を読む限りそう読める。

**笠松**　これらのことから考えてみると、前に戦争で身体に欠損を被った人間はどうか、ということがありましたが、近代的に考えるともちろん全く違うことのようですが、中世でもまるで違うこととされたのかどうか、近代的な考えと同じように。自分の恨みで人を殺したのと、戦争で殺したのとはまるで違うというのはあたりまえのこととは思うけれども、しかし昔はただ「殺害」ということで一つのものとしてとらえられている時代があったのではないか、そんなことも考えてみる必要があるかもしれません。

**編集部**　まだまだ論ずべきこと、ご検討いただきたいことも残っておりますし、討議の中から新たな課題もいくつか生まれてきたようでございます。いずれ「続・中世の罪と罰」を作っていただける機会がめぐってまいりますことを楽しみにしながら、本日の討論会は、一応これで終り、ということにさせていただきます。

長時間にわたってのご討議、ありがとうございました。

# あとがき

二百頁そこそこの小冊子に、四人もの名が並んで賑やかなことだと思われるかも知れないが、さらにもう一人、出版会の渡邊勲氏の名もならべておきたかったのが、私たちの本心である。慣れてしまったせいか、御苦労に感謝するなどという気はあまりおきないかわりに、いっしょにこの本をつくった仲間として、氏の名がならんでないのが、ひどく不自然な気がしてならないからである。

その渡邊氏と、何時、どんな拍子から、この本のもとになった雑誌『UP』への連載ばなしをしたのか、たった数年前のことなのに記憶一向定かでない。とくに思いおこす要のないことを、無理に思い出さずともよいのは年老いた者の特権であるにしても、それまで「罪と罰」などにあまり興味がなかった私が、なぜ勝俣氏を誘ってまでそんな難行を始めたのか、そのきっかけすら思い出せないのはひどい話である。あまりに記憶がないので、もしかしたらこちらが勝俣氏に誘われたのではあるまいか、そんな気さえしてくるが、私以上に面倒ぎらいの氏がそんなことをするはずは勿論なかったのである。

ともかく交替で二回ずつ書いてみたら、予期したように早くも息切れてしまう。いくらなんでも、もう少し何とかならないか、という顔を渡邊氏もするし、この連載はいずれ本になるのでしょう、などと期待して下さる世間さまに対して多少の見栄もなくはない。

そこで網野・石井両氏にバトンタッチをお願いしたところ、網野氏からは「俺は法制史の専門家じゃないからなあ」と皮肉をいわれ、石井氏からは「書くネタがあればねえ」と慇懃に挨拶された程度で、身の毛のよだつほど多忙な両氏が心よく参加して下さったのは有難いことであった。それに網野氏は勝俣氏や私とちがって、いはえある法制史学会の会員であるから、こんな言葉は皮肉にもなんにもなってはいないし、石井氏の言を額面どおり受取るほど浅いつき合いではなかったのである。

ところで網野氏の華々しい活躍が刺激になったのか、一頃私たちを〝四人組〟とよんで、胡乱な眼でみるむきもあるという話を又聞いたのも、もう大分昔のことになる。胡乱も何も、ほとんど仕事らしい仕事もしていない私などには、むしろ光栄ともいうべきであったが、恐縮に堪えなかったのは、四人集って大いに勉強したり教え合ったりしているのではないかと思われている節があったことであった。正直そんなことはただの一度もなかったからである。

そんなわけで、この「罪と罰」のおかげで、四人集って多少なりとも学問的な議論をする初めての、そして恐らくは最後の機会をもつことができたのは、お互い多少気恥しくはあったが、少くとも私にとっては勉強にもなったし、また忘れることない思い出をつくることができたことを何より嬉しく思っている。

一九八三年九月

笠松宏至

# あとがきのあとがき

時は無残に過ぎる。「お前の母さん……」の冒頭に書いた「まだ舌もろくに廻らぬ」姪は今や二子の祖母となり、「二人で笑いころげた」姉はもうとっくに死んでしまった。この本の出版からでさえ四十年近い歳月がたった。何んで今更と思わぬわけではないが、なつかしさがいっぱいつまったこの本が、再び世に出るのが嬉しくないはずはない。

網野さん、石井さんお二人は今は亡く、勝俣さんだけが、不思議にも今も生きながらえている私を励ましてくれている。この三人の方とのつき合いは、私にとって常に快く嬉しいものばかりだった。

四人を外的につなぐものは、ただ一つ、同じ大学の、同じ学科の卒業生ということしかないが、三人の方のそれぞれの何とも魅力的な個性に、少くとも私は今もひきつけられてやまない。

この本のもとの「あとがき」で、「この「罪と罰」のおかげで、四人集って多少なりとも学問的な議論をする初めての、そして恐らくは最後の機会をもつことができた……忘れることない思い出をつくることができたことを何より嬉しく思っている」と書いたが、文字どおりそれは「最後の機会」になってしまった。悲しいが、ひたすらなつかしい。

この「討論」で話があちこちとんでどうやって文字におこすのかと心配したら、何とか文章にしてくれた東大出版会の渡邊勲氏にあらためて謝意を表しておきたい。そしてこの人も同じ大学の、同じ学科の卒業生というだけのご縁の講談社の岡林彩子さんが、この文庫版の出版に色々尽力して下さったことに厚くお礼をいいたい。

笠松宏至

二〇一九年六月

# 文献一覧

＊編集部註：学術文庫化にあたり、編集部作成による文献の一覧を付した。本文中で言及されたものを対象としたが、史料および史料集は解題や解説に言及がある場合を除き、原則として含めなかった。

1　「お前の母さん……」


網野善彦「日本中世の平民と職人」下、『思想』第六七一号、岩波書店、一九八〇年。

石井良助『中世武家不動産訴訟法の研究』弘文堂書房、一九三八年、のち新版、高志書院、二〇一八年。

石尾芳久『日本古代法の研究』法律文化社、一九五九年。

笠松宏至「御成敗式目」補注12、『中世政治社会思想』上巻（日本思想大系21）、岩波書店、一九七二年。

佐藤進一「御成敗式目の原形について」、『新訂増補　国史大系月報』15（『新訂増補　国史大系』第三三巻「吾妻鏡　後編」月報）、吉川弘文館、一九六五年、のち『日本中世史論集』岩波書店、一九九〇年。

仁井田陞「旧中国人の言語表現に見る倫理的性格——罵言五題」、『補訂　中国法制史研究　法と慣習・法と道徳』東京大学出版会、一九八〇年。

2　家を焼く
阿部謹也『刑吏の社会史――中世ヨーロッパの庶民生活』中央公論社（中公新書）、一九七八年、のち『阿部謹也著作集』第二巻、筑摩書房、一九九九年。

勝俣鎮夫「中世の家と住屋検断」、『中世社会の基層をさぐる』山川出版社、二〇一一年。

清田善樹「中世の大和における住屋放火」、『奈良国立文化財研究所創立30周年記念論文集』（文化財論叢）、同朋舎出版、一九八三年。

仲村研「住宅破却について――中世身分に関する覚書」、『同志社大学人文科学研究所紀要』第八号、一九六四年。

羽下徳彦「中世本所法における検断の一考察」、石母田正・佐藤進一編『中世の法と国家』東京大学出版会、一九六〇年。

横井清「中世の触穢思想」、『中世民衆の生活文化』東京大学出版会、一九七五年、のち『中世民衆の生活文化』下巻、講談社（講談社学術文庫）、二〇〇八年。

3　「ミ、ヲキリ、ハナヲソグ」
仁井田陞「中国における刑罰体系の変遷――とくに「自由刑」の発達」、『補訂 中国法制史研究 刑法』東京大学出版会、一九八〇年。

柳田國男『先祖の話』筑摩書房、一九四六年、のち『柳田國男全集』第一三巻、筑摩書房（ちくま文庫）、一九九〇年。

4　死骸敵対
青木和夫「名例律」補注5「死」、『律令』（日本思想大系3）、岩波書店、一九七六年。

大林太良『葬制の起源』角川書店（角川選書）、一九七七年、のち中央公論社（中公文庫）、一九九七年。

折口信夫「上代葬儀の精神」、『折口信夫全集』第二〇巻、中央公論社、一九六七年。

中田薫『法制史論集』第三巻「債権法及雑著」下巻、岩波書店、一九七一年。

穂積陳重『続法窓夜話』岩波書店、一九三六年。

ミッタイス『ドイツ法制史概説』リーベリッヒ改訂、世良晃志郎訳、創文社、一九七一年。

和田萃「殯の基礎的考察」、『史林』第五二巻第五号、一九六九年、のち『日本古代の儀礼と祭祀・信仰』上巻、塙書房、一九九五年。

## 5　都市鎌倉

『鎌倉市史　総説編』、吉川弘文館、一九五九年。

川添昭二『日蓮――その思想・行動と蒙古襲来』清水書院、一九七一年。

## 6　盗　み

折口信夫『折口信夫全集』第二〇巻、中央公論社、一九六七年。

笠松宏至「解説　鎌倉後期の公家法について」、『中世政治社会思想』下巻（日本思想大系22）、岩波書店、一九八一年。

――「解題」（弘長三年四月卅日　神祇官下文）、『中世政治社会思想』下巻（日本思想大系22）、岩波書店、一九八一年。

中田薫『法制史論集』第一巻「親族法・相続法」、岩波書店、一九七〇年。

仁井田陞『中国法制史研究　刑法』東京大学出版会、一九八〇年

## 7 夜討ち

網野善彦『無縁・公界・楽——日本中世の自由と平和』平凡社、第二〇章、一九七八年、のち増補版、平凡社（平凡社ライブラリー）、一九九六年および『網野善彦著作集』第一二巻、岩波書店、二〇〇七年。

石井紫郎「合戦と追捕——中世法と自力救済再説」㈠、『国家学会雑誌』第九一巻第七号、一九七八年、のち「合戦と追捕——前近代法と自力救済」、『日本国制史研究』第二巻「日本人の国家生活」、東京大学出版会、一九八六年。

石井進『鎌倉幕府』（日本の歴史7）、中央公論社、一九六五年、のち中央公論新社（中公文庫）、二〇〇四年および『石井進の世界』第一巻、山川出版社、二〇〇五年。

勝俣鎮夫『塵芥集』頭注、『中世政治社会思想』上巻（日本思想大系21）、岩波書店、一九七二年。

——『戦国法成立史論』東京大学出版会、第一章、一九七九年。

## 8 博奕

網野善彦「中世の飛礫について」、『民衆史研究』第二三号、一九八二年、のち『網野善彦著作集』第一一巻、岩波書店、二〇〇八年。

——「中世「芸能」の場とその特質」、『日本民俗文化大系』第七巻「演者と観客——生活の中の遊び」、小学館、一九八四年、のち『網野善彦著作集』第一一巻、岩波書店、二〇〇八年。

石井良助『中世武家不動産訴訟法の研究』弘文堂書房、一九三八年、のち新版、高志書院、二〇一八年。

——『新編江戸時代漫筆』上巻、朝日新聞社（朝日選書）、一九七九年。

尾佐竹猛『賭博と掏摸の研究』総葉社書店、一九二五年、のち『尾佐竹猛著作集』第一九巻、ゆまに書房、二〇〇六年。

カイヨワ、ロジェ『遊びと人間』清水幾太郎・霧生和夫訳、岩波書店、一九七〇年。

木村紀子「梁塵秘抄〈四句神歌〉」、『国語国文』第五二巻第一号、一九八三年。

瀬田勝哉「「鬮取」についての覚書――室町政治社会思想史の一試み」、『武蔵大学人文学会雑誌』第一三巻第四号、一九八二年。

長谷川昇『博徒と自由民権――名古屋事件始末記』中央公論社（中公新書）、一九七七年、のち平凡社（平凡社ライブラリー）、一九九五年。

ホイジンガ、ヨハン『ホモ・ルーデンス――人類文化と遊戯』高橋英夫訳、中央公論社、一九七一年、のち中央公論社（中公文庫）、一九七三年。

穂積陳重『法窓夜話』有斐閣、一九一六年、のち岩波書店（岩波文庫）、一九八〇年。

増川宏一『将棋』法政大学出版局、一九七七年。

――『盤上遊戯』法政大学出版局、一九七八年。

――『賭博』全三巻、法政大学出版局、一九八〇―八三年。

三浦周行「鎌倉時代の訴訟に於ける懸物押書の性質」、『法制史の研究』岩波書店、一九一九年。

――「江戸時代に於ける賭博犯の種類」、『続法制史の研究』岩波書店、一九二五年。

宮武外骨『賭博史』半狂堂、一九二三年、のち『宮武外骨著作集』第四巻、河出書房新社、一九八五年。

## 9　未進と身代

網野善彦『中世荘園の様相』塙書房、一九六六年、のち『網野善彦著作集』第一巻、岩波書店、二〇〇八年。

――『日本中世の民衆像――平民と職人』岩波書店（岩波新書）、一九八〇年、のち『網野善彦著作集』第八巻、岩波書店、二〇〇九年。

石井良助「古法制雑考」㈠、『国家学会雑誌』第五一巻第六号、一九三七年。

石母田正『日本の古代国家』岩波書店、一九七一年、のち『石母田正著作集』第三巻、岩波書店、一九八九年および岩波書店（岩波文庫）、二〇一七年。

小田雄三「路次狼藉について」、『年報中世史研究』第六号、一九八一年。

折口信夫『万葉集辞典』、『折口信夫全集』第六巻、中央公論社、一九六六年。

――『折口信夫全集』ノート編第一〇巻・第一一巻、中央公論社、一九七〇―七一年。

笠松宏至「『大山村史』史料編第五六〇号文書」、『月刊歴史』第九号、一九六九年、のち『中世人との対話』東京大学出版会、一九九七年。

戸田芳実『日本領主制成立史の研究』岩波書店、一九六七年。

藤木久志『戦国社会史論――日本中世国家の解体』東京大学出版会、一九七四年。

山本隆志「鎌倉時代の勧農と荘園制支配」、『歴史学研究』第四四〇号、一九七七年、のち『荘園制の展開と地域社会』刀水書房、一九九四年。

## 10　身曳きと〝いましめ〟

石井進「「那摩孫三郎戒状」をめぐって」、『信濃』第三三巻第一二号、一九八一年、のち『石井進著作集』第七巻、岩波書店、二〇〇五年。

石井良助「中世人身法制雑考」㈡、『法学協会雑誌』第五六巻第九号、一九三八年、のち『日本団体法史』創文社、一九七八年。

――『刑罰の歴史（日本）』日本評論社、一九五二年、のち『日本刑事法史』創文社、一九八六年。

磯貝富士男「安芸国在庁官人「田所」氏についての覚え書――正応二年正月二十三日付文書の性格をめぐって」、津田秀夫編『近世国家の成立過程』塙書房、一九八二年。

井上光貞「隋書倭国伝と古代刑罰」、『日本古代思想史の研究』岩波書店、一九八二年、のち『井上光貞著作集』第二巻、岩波書店、一九八六年。

金田平一郎「近世懲役刑小考」、『九州帝国大学法文学部十周年記念法学論文集』岩波書店、一九三七年。

滝川政次郎『日本奴隷経済史』刀江書院、一九三〇年、のち増補、名著普及会、一九八五年。

――「犯罪による官賤の発生」、『律令賤民制の研究』角川書店、一九六七年、のち名著普及会、一九八六年。

――「律令の役身折酬制と債務奴隷」、『律令賤民制の研究』角川書店、一九六七年、のち名著普及会、一九八六年。

中田薫「法制史漫筆」、『法制史論集』第三巻「債権法及雑著」下巻、岩波書店、一九七一年。

牧健二「固有刑法の基本観念」、『法学論叢』第四六巻第四号、一九四二年。

水上一久「中世譲状に現れたる所従について――大隅国禰寝氏の場合」、『史学雑誌』第六四編第七号、一九五五年、のち『中世の荘園と社会』吉川弘文館、一九六九年。

安河内博『対馬藩に於ける奴婢制成立の研究』九州大学文学部国史研究室、一九五三年。

吉田晶「八・九世紀における私出挙について」、『律令国家の基礎構造』吉川弘文館、一九六〇年。

討論〈中世の罪と罰〉

網野善彦『日本中世の民衆像――平民と職人』岩波書店（岩波新書）、一九八〇年、のち『網野善

彦著作集』第八巻、岩波書店、二〇〇九年。

石井良助「古法制雑考」㈠、『国家学会雑誌』第五一巻第六号、一九三七年。

――『日本法制史概説』弘文堂、一九四八年、のち創文社、一九六〇年。

入間田宣夫「逃散の作法」、豊田武先生古稀記念会編『日本中世の政治と文化――豊田武博士古稀記念』吉川弘文館、一九八〇年、のち『百姓申状と起請文の世界――中世民衆の自立と連帯』東京大学出版会、一九八六年。

――「泰時の徳政」、『東北大学教養部紀要』第三七号、一九八二年、のち『百姓申状と起請文の世界――中世民衆の自立と連帯』東京大学出版会、一九八六年。

小田雄三「路次狼藉について」、『年報中世史研究』第六号、一九八一年。

笠松宏至「中世国家論をめぐって」、岡田章雄・豊田武・和歌森太郎編『日本の歴史』別巻「日本史の発見」、読売新聞社、一九六九年。

――「仏物・僧物・人物」、『思想』第六七〇号、一九八〇年。

勝俣鎮夫「国質・郷質についての考察」、『戦国法成立史論』東京大学出版会、一九七九年。

清田善樹「中世の大和における住屋放火」、『奈良国立文化財研究所創立30周年記念論文集』（文化財論叢）、同朋舎出版、一九八三年。

佐藤進一『鎌倉幕府訴訟制度の研究』畝傍書房、一九四三年、のち岩波書店、一九九三年。

佐藤進一・百瀬今朝雄 補注44「やまおとし（山落）」、佐藤進一・池内義資・百瀬今朝雄編『中世法制史料集』第三巻「武家家法」、岩波書店、一九六五年。

戸田芳実『日本領主制成立史の研究』岩波書店、一九六七年。

羽下徳彦「検断沙汰おぼえがき」㈠、『中世の窓』第四号、一九六〇年。

――「苅田狼藉考」、『法制史研究』第二九号、一九七九年。

宮本常一「土佐源氏」、『忘れられた日本人』、『宮本常一著作集』第一〇巻、未来社、一九七一年、のち岩波書店（岩波文庫）、一九八四年。

# 解　説

桜井英治

本書がはじめて世に出たのは一九八三年の暮れである。このとき、もっとも年少の勝俣鎮夫先生が四九歳、同年の笠松宏至先生と石井進先生が五二歳、そしてもっとも年長の網野善彦先生も五五歳であったから、全員がいまの私より年下である。石井先生と網野先生はすでに鬼籍に入ってしまわれた。時の流れの何と酷いことだろう。当時、私は東大考古学科の四年生であり、約半年後には先生方の研究に憧れて当時はまだ国史といった日本史の大学院に進んだ。そこには勝俣、笠松、石井の三先生がおられ、ほどなく網野先生とのご縁も得ることができた。何と贅沢な時代、何と幸運なめぐりあわせであったろうといまも思わずにはいられない。

本書の成り立ちについては「あとがき」に笠松先生も書いておられるが、東京大学出版会のPR誌である『UP』の連載がもとになっている。すなわち『UP』九巻七号（一九八〇年七月）から一一巻七号（一九八二年七月）にかけて、まず「お前の母さん……」、「家を焼く」、「夜討ち」、「死骸敵対」、「都市鎌倉」（原題は「鎌倉の罪と罰」）、「未進と身代」（原題には「年貢・交易・出挙」という副題あり）、「盗み」の七章が断続的に連載され、そこに勝俣先生が「ミ、ヲキリ、ハナヲソグ」、網野先生が「博奕」、石井先生が「身曳きと〝いましめ〟」の三章を新たに書き下ろして全一〇章からなる本書ができあがった。巻末には四先生による討論が収められている。

この企画の仕掛け人は東京大学出版会の名物編集者だった渡邊勲氏である。渡邊氏は出版会に就職してほどなく、仕事で出入りしていた東大史料編纂所の古文書部で笠松先生と出会い、のちに先生の『日本中世法史論』（一九七九年）の編集も担当された。たぶんその縁からこの企画でも笠松先生がとりまとめ役を買うことになったのだが、先生の渡邊氏にたいする信任は絶大であり、そのことは本書の「あとがき」で渡邊氏を五人目の著者に擬していることからもうかがえよう。このあともお二人はいくつもの仕事を共にすることになる。

その「あとがき」にもさりげなく書かれているように、先生方は当時周囲から「四人組」とよばれていた。オリジナルは言わずと知れた文化大革命の主導者たちで、文革が破局を迎える一九七〇年代後半にメディアからよく流れていた言葉だが、そのような穏やかでない由来とは裏腹に、四先生にたいしてはこの言葉が親しみを込めて使われていたように思う。だから本書以前に四人が集まって何かをしたことはないという笠松先生の証言にはちょっと意外な気もしたが（四人中三人まで名を連ねたお仕事ならいくつかある）、いま思いおこしてみると、なるほどそのとおりなのかもしれない。

　四先生の日ごろの交流については、網野先生の『無縁・公界・楽――日本中世の自由と平和』（平凡社選書、一九七八年／平凡社ライブラリー、一九九六年）や笠松先生の『日本中世法史論』、勝俣先生の『戦国法成立史論』（東京大学出版会、一九七九年）の「あとがき」などを通じて公然化した面もあろうが、「四人組」の成立には、そうした実際の付き合いもさることながら、論文や著書における相互言及の多さも寄与していたように思われる。つまり、たとえ実際に行動を共にしなくても、考えの近さやお互いの研究にたいする理解の深さにおいて、四先生にはひとくくりにされうる要素が十分あったということである。強い信頼で結ばれ、互いの研究に触発されつつ、斬新な論文や著書を次々に発表して注目を集めていた「四人」のトップランナーたち――そこに「四人組」の本質があったといえよう。そしてそれを「四人組」という微妙なさじ加減で表現していた東大中世史（国史学研究室と史料編纂所）周辺の雰囲気にも懐かしいものがある。四先生のお仕事にたいして深い畏敬の念をいだきながらも、それをストレートには表明できず、ついつい韜晦《とうかい》してしまう話者サイドの一種の照れ隠しが「四人組」という言葉を選ばせたのだろう。当時の東大中世史には、そのような素直でない、斜に構えた雰囲気が漂っていて、それもまた、その世界に入りたての若者の目には何とも粋にみえたものである。

ところで、四先生の学問を規定していた本質的な要素が佐藤進一（一九一六―二〇一七年）門下という出自にあることはいうまでもない。網野先生だけは東大で直接指導をうけた世代ではないが、その影響は他の三先生に少しも劣るところがない。それは以後の東大中世史の学風を決定づけたものであり、その影響の大きさにおいて佐藤史学または佐藤学派とよぶにふさわしいものがある。一字一句をおろそかにしない厳密な史料解釈がこの学統の持ち味であり、それは四先生の研究にもはっきりと刻印されている。それはおよそこの学統に連なる者には骨身に染みついているはずのものであった。

言葉そのものへの関心の高さもこの学統を特徴づけている。「時宜」、「中央の儀」、「地発《じおこし》」等々、佐藤先生および四先生によって発見され、あるいは語義が確定した中世語は数知れない。『ことばの文化史　中世』全四巻（平凡社、一九八八―八九年）はその成果の一部だが、そのような未知の言葉へのこだわりは、本書でも「母開」、「手」、「大袋」、「山落《やまおとし》」等々の語をめぐって大いに発揮されている。

民俗学や文化人類学への関心の高さもこの学統を特徴づけているように思われるが、この点は佐藤先生よりも次世代の四先生においてより顕著かもしれない。石井先生が高校生のころから柳田國男（一八七五―一九六二年）のもとに出入りしていたことはつとに有名であり、笠松先生の徳政論が折口信夫（一八八七―一九五三年）の古代研究に着想を得ていたことも周知の事実である。網野先生と、義兄で民俗学者であった中沢厚（一九一四―八二年）

との関係についてはいうまでもなかろう。民俗学・文化人類学への関心の高さはヨーロッパの社会史にも認められるところだが、そのような民俗学・文化人類学の知見は本書でも随所に顔を出してくる。

中世史の理解という点では、佐藤先生の東国独立国家論、笠松先生による裁判権の分立や公方《くぼう》の多元性に関する研究、石井先生によるイエ支配の独立不可侵性の指摘などに代表されるように、どちらかといえば、中世社会の分裂的、多元的側面を重視する傾向が強いが、この点は史学史上この学統をどう位置づけるかという問題ともかかわってくる。

マルクス主義歴史学によって牽引された戦後歴史学の前半期には、石母田正（一九一二―八六年）の領主制論が中世史の中核的理論であったが、これは新たな時代の担い手たる在地領主層（武士）を朝廷や荘園制にとって外的、対立的な存在ととらえた点で、中世社会を分裂的、多元的な社会とみる見方に属する。これにたいし、マルクス主義歴史学内部から批判の声をあげたのが黒田俊雄（一九二六―九三年）であった。黒田の理論は政治体制論としての権門体制論、宗教体制論としての顕密体制論、経済体制論としての荘園制論（非領主制論）の三つの柱よりなるが、なかでも一九六三年に発表された権門体制論は、公家・武家・寺家などの諸権門が矛盾対立をみせながらも相互補完的に国家権力を分掌していたとする中世国家論であり、そこに立ち上がるのは朝廷＝天皇を中心とする統合的な社会としての中世像であった。一九七〇年代から八〇年代になると、今度はこの権門体制論にたいする批判として、ふたたび中世社会を分裂的、多元的な社会とみる見方が優勢になってくるが、この七〇年代の流れをつくったのが笠松先生を中心とするこの学統の人たちであった。敵の敵は味方というと下世話な言い方になるが、この学統の中世史理解は領主制論との親和性が高い。終生マルキシストを自任していた網野先生を除くと、他の先生方はみなマルクス主義歴史学とは距離をおいていたが、石母田正との関係は早くからあり、六〇年代には石母田正・佐藤進一編『中世の法と国家』(東京大学出版会、一九六〇年)、七〇年代には石井進・石母田正・笠松宏至・勝俣鎭夫・佐藤進一校注『日本思想大系21 中世政治社会思想 上』(岩波書店、一九七二年)という優れた成果を生む。一見不思議なこのコラボレーションも上述のような流れを押さえれば、それほど不自然なことではないとわかるだろう。とにかく戦後の中世史研究は中世社会を分裂的、多元的社会とみる見方と統合的社会とみる見方のあいだを振り子のようにゆっくり往復しながら進んできたところがある。石井先生はこれを「近代史学史を流れる二つの旋律」と表現されたが、本書にもその一つが隠れた旋律として流れているのを感じとれるはずだ。

一九七〇年代が中世史研究における転換期であったことは以上のとおりだが、この時期はじつは歴史学全体にとっても大きな転換期であった。戦後歴史学＝マルクス主義歴史学の時代は七〇年代半ばに終焉を迎え、七〇年代後半からは現代歴史学の段階に入るというのが史学史の通説だが、とくに七〇年代後半から八〇年代にかけての時期は社会史の時代とよばれ、一時代を画することになる。一九七八年に刊行され、マルクス主義陣営から批判の集中砲火を浴びた網野先生の『無縁・公界・楽』はちょうどその分水嶺をなした著作であり、同書にたいする激しい批判と網野先生の辛抱強い反論の応酬のなかでマルクス主義陣営は急速に言葉を失っていった。前述のごとく、網野先生ご自身は終生マルキシストを自任していたし、ご自身の研究が社会史とよばれることも好まなかったが、自意識と客観的評価とは往々にして乖離するものである。

社会史とは何かということも当時からくり返し問われてきた問題だが、少なくともそれがマルクス主義歴史学にみられた生産力への偏重やドグマティックな説明にたいする批判や疑問から出発していることはまちがいない。それは日本の社会史にもヨーロッパの社会史にもあてはまることだろう。そこでは従来のマルクス主義歴史学ではおよそテーマになりえなかったような問題群が次々に取り上げられた。心性史や身体史がそうだし、経済史でもマルクス主義歴史学で軽視されていた商人や流通、金融の研究が進んだ。民俗学や文化人類学が盛んに参照されたのも、マルクス主義理論の相対化と表裏の関係にあろう。

日本の社会史がアナール派をはじめとするヨーロッパの社会史の影響下に展開したという理解は正しくない。両者がたまたま似たような関心や手法をもっていたことは事実だが、それはあくまでもたまたまであって、日本の社会史はヨーロッパの社会史とは無関係に開花したのである。ようやくヨーロッパの社会史との接触がはじまるのは阿部謹也（一九三五―二〇〇六年）・網野善彦・石井進・樺山紘一（一九四一年生）四氏の対談集『中世の風景』上・下（中公新書、一九八一年）あたりからで、当初からそうだったわけではない。では初期（ただし戦前に「社会史」を称した本庄栄治郎や中村吉治らの研究はここでは除く）において日本の社会史の実体とは何であったかといえば、まさに網野先生や勝俣先生の研究が（一部遡及的に）そうよばれたのである。中世史ではその後も瀬田勝哉（一九四二年生）、黒田日出男（一九四三年生）、保立道久（一九四八年生）、今谷明（一九四二年生）らがあいついで社会史ないし社会史的傾向をもつ研究を発表し、中世史はさながら社会史のメッカという様相を呈してゆくが、その流れは塚本学（一九二七―二〇一三年）の『生類をめぐる政治――元禄のフォークロア』（平凡社選書、一九八三年／講談社学術文庫、二〇一三年）をさかいに近世史へも波及し、やがて朝尾直弘・網野善彦・山口啓二・吉田孝編『日本の社会史』全八巻（岩波書店、一九八六―八八年）に結実する。

この時期は社会史ブームともいわれ、出版界のイニシアティヴが大きかったことも特徴である。雑誌では伝統的な学会誌でなく、各社のPR誌が主な発表媒体になっていたのもおもしろい現象であり、なかでも平凡社の『月刊百科』と東京大学出版会の『UP』が出色であった。阿部謹也・川田順造（一九三四年生）・二宮宏之（一九三二―二〇〇六年）・良知力（一九三〇―八五年）を編集同人として日本エディタースクール出版部から刊行された雑誌『社会史研究』（一九八二―八八年）は八号で終わったけれども、網野先生や勝俣先生も寄稿して東西社会史の交流に貢献した。一九八六年から八八年まで全一三三冊の刊行をみた『週刊朝日百科　日本の歴史』は写真や絵を満載したヴィジュアルな通史シリーズだが、それまでの通史にはない民俗学的、社会史的な切り口が前面に出ていて、遊女・悪党・海民等々のテーマも明らかに網野先生の研究を反映していた。書籍では何といっても『無縁・公界・楽』や『生類をめぐる政治』を出した平凡社選書が一頭地を抜いていた。

この社会史ブームをささえたのは有能でマニアックな編集者たちである。平凡社選書の加藤昇や山本幸司、週刊朝日百科の廣田一、そして東京大学出版会の渡邊勲――この人たちはいずれも歴史家たちを脅かすほど専門的で情熱的であった。現在の中世史学界に四先生のような天才がいなくなったのと同じように、現在の出版界にもこの人たちのようなツワモノはいなくなってしまったのではなかろうか。

少し長くなったが、以上が、本書がはじめて世に出たころの学界および出版界の状況である。このようにみてきたとき、本書がいかにこの時代の申し子であるかがよく理解できるだろう。四先生の個々の研究が社会史とよびうるか否かはひとまずおくとして、『UP』の連載を母胎とし、渡邊勲という有能な編集者によって企画され、そして何よりも「四人組」がはじめて勢揃いした本書に関していえば、まさしく社会史の時代が産んだ記念碑的名著とよぶにふさわしい。

最後に、各章の内容について簡単に触れておこう。

中世には悪口《あっこう》も御成敗式目に載るれっきとした罪であったが、笠松先生の「お前の母さん……」は「母開」なる悪口に注目し、その語義を絞りこみながらインセストタブーをめぐる穢観《けがれかん》に迫ってゆく。この「お前の母さん……」もそうだが、ほかにも勝俣先生の「家を焼く」、笠松先生の「盗み」、石井先生の「身曳きと〝いましめ〟」の各章が、中世における「犯罪＝穢」観念の存在を指摘している。中世の人びとにとって、犯罪とは穢にほかならず、したがってそれにたいする刑罰も、犯人を処罰することよりも、むしろ正常な状態を回復することに重点がおかれた。さまざまな犯罪の分析がいずれもこの一致した結論を指し示しているとすれば、それが「中世の罪と罰」の核心を突いている蓋然性はきわめて高いといえよう。

勝俣先生による「ミヽヲキリ、ハナヲソグ」と「死骸敵対」の二章は身体史の問題にもかかわるもので、前者では、耳鼻そぎ刑などの肉刑がたんに受刑者に苦痛を与えるのではなく、外貌を変える＝異形にすることを目的にしていたことや、それが広い意味での「あざむきの罪」に対応していること、後者では、「父子敵対」ではなく「死骸敵対」という特異な表現があえてとられた背景に、死骸そのものにたいする尊崇の念が存在したことを明らかにし、さらに古代の殯《もがり》や近世におこなわれた死骸にたいする磔刑《たっけい》の意味にも論及する。

「都市鎌倉」は、石井先生にとって大きな転機となった論文「都市鎌倉における「地獄」の風景」（御家人制研究会編『御家人制の研究』吉川弘文館、一九八一年）と時期的にほぼ並行して書かれたもので、都市鎌倉の周縁に関する考察という点でも一致している。特定の犯罪ではなく、それがおこなわれる場を問題としている点で、本書のなかではやや異色だが、最後に紹介されるカニバリズムの事例は衝撃的である。

「都市鎌倉」が周縁という〝空間のアジール〟に注目しているのにたいし、夜という〝時間のアジール〟に注目したのが笠松先生の「夜討ち」である。この「夜討ち」と網野先生の「博奕」は、一方で武芸・芸能として肯定する言説と他方で犯罪として否定する言説とが併存する点で、境界的、両義的な性格を帯びるが、「夜討ち」が早くも中世中期には黄昏を迎えるのにたいして、「博奕」は現代にいたるまで境界性、両義性をともないながら存続する。そして同じような性格は、笠松先生も指摘されているように「盗み」にも認められる。このように、はじめは正当な行為とされていたものが、時代が降ると罪になるとか、あるいは山賊・海賊のように特定の場においては正当なものと認められた慣習が別の場所では罪になるといった事例は中世にはしばしば観察されるのであり、このようないわゆる「境界的な罪」の問題については、巻末の討論においても大きなテーマになっている。

網野先生の「未進と身代」と石井先生の「身曳きと〝いましめ〟」は債務不履行という共通のトピックを扱っている。「未進と身代」は年貢の未進がなぜ債務に転じる（利子がつく）のかという素朴な疑問から出発して年貢の本質に迫ろうとしたもので、「中世の罪と罰」という問題を超えて年貢論としても白眉である。「身曳きと〝いましめ〟」は中世の債務奴隷・犯罪奴隷の起源が古代の「役身折酬《えきしんせつしゅう》」の制、さらには遠く『魏志倭人伝』の時代にまでさかのぼることを明らかにするとともに、奴隷化が「いましめ状」、「曳文《ひきぶみ》」という文書によって、みずからの自由を自発的に放棄する形式でおこなわれたところに中世という時代の特色を読みとっている。まことに示唆に富んだ考察といえよう。

終章に相当する討論では、最初に中世訴訟の三つのカテゴリーが出てくるが、所務沙汰は今日の不動産訴訟に、検断沙汰は刑事訴訟に、雑務沙汰は動産訴訟にだいたい対応していると考えていただければよい。また、中世は御成敗式目などの武家法のほか、律令法、公家法、荘園領主法、村法など、さまざまな法が併存し、同様に警察権、裁判権も幕府、守護、地頭、朝廷、荘園領主等々によってそれぞれに行使されていた時代である。それが笠松先生のいわれた裁判権の分立ということだが、そのことを念頭において読んでいただくと討論の内容もよりわかりやすくなるだろう。

本書を通じてあらためて浮き彫りになるのは、中世社会が、現代人の常識や価値観では容易に解釈できない社会だということ、つまりそれは私たちにとって彼岸＝異文化にほかならないということである。そのことを教えてくれるのも本書の重要な意義といえそうだ。

さて、少しだけ先ほどの話の続きをすると、一九九〇年代、ちょうど平成に入るころから社会史ブームはしだいに下火になっていった。社会史の時代に続く時代を何とよぶかについてはさまざまな意見があろうが、例の振り子運動についていえば、その後は中世社会を統合的な社会とみる権門体制論がふたたび台頭し、現在もその状況がまだ続いているようにみえる。それが今後どう振れてゆくかを見きわめるうえでも本書はよい道しるべになるだろう。本書の内容はけっして易しくはないが、当時は読者の能力もきわめて高かった。かつてそのような宝物のような時代があったのだ。日本中世史研究がまばゆい光彩を放っていたころの、その最高の部分をこの機会にぜひご堪能いただきたい。

（日本史、東京大学教授）

著者紹介

網野善彦（あみの　よしひこ）
1928-2004年。東京大学文学部国史学科卒業。名古屋大学助教授，神奈川大学短期大学部教授，神奈川大学特任教授を歴任。専門は日本中世史。主な著書に『蒙古襲来』，『中世東寺と東寺領荘園』，『日本中世の民衆像』，『日本中世の非農業民と天皇』，『日本の歴史をよみなおす』，『「日本」とは何か』，『網野善彦著作集』全18巻＋別巻がある。

石井　進（いしい　すすむ）
1931-2001年。東京大学文学部国史学科卒業。東京大学大学院人文科学研究科博士課程単位取得退学。東京大学名誉教授。専門は日本中世史。主な著書に『鎌倉幕府』，『日本中世国家史の研究』，『鎌倉武士の実像』，『中世のかたち』，『石井進著作集』全10巻，『石井進の世界』全6巻がある。

笠松宏至（かさまつ　ひろし）
1931年生まれ。東京大学文学部国史学科卒業。東京大学大学院人文科学研究科博士課程中退。東京大学名誉教授。専門は日本中世史。主な著作に『日本中世法史論』，『徳政令』，『法と言葉の中世史』，『中世人との対話』がある。

勝俣鎮夫（かつまた　しずお）
1934年生まれ。東京大学文学部国史学科卒業。東京大学大学院人文科学研究科博士課程中退。東京大学名誉教授。専門は日本中世史。静岡文化芸術大学名誉教授。主な著書に『戦国法成立史論』，『一揆』，『戦国時代論』，『中世社会の基層をさぐる』がある。

＊本書の原本は，1983年に東京大学出版会から刊行されました。
本書には差別的な表現が見られますが、歴史的な史料および文脈に基づくものであり、また著者に故人が含まれることから、原本のまま収録することにいたしました。読者諸賢におかれましては、何とぞご理解を賜りますよう、お願い申し上げます。

講談社学術文庫

定価はカバーに表示してあります。

# 中世《ちゅうせい》の罪《つみ》と罰《ばつ》

網野《あみの》善彦《よしひこ》・石井《いしい》　進《すすむ》
笠松《かさまつ》宏至《ひろし》・勝俣《かつまた》鎮夫《しずお》

2019年11月11日　第1刷発行
2024年11月12日　第7刷発行

発行者　篠木和久
発行所　株式会社講談社
東京都文京区音羽2-12-21 〒112-8001
電話　編集（03）5395-3512
販売（03）5395-5817
業務（03）5395-3615
装　幀　蟹江征治
印　刷　株式会社ＫＰＳプロダクツ
製　本　株式会社国宝社
本文データ制作　講談社デジタル製作



ISBN978-4-06-517869-0

# 「講談社学術文庫」の刊行に当たって

これは、学術をポケットに入れることをモットーとして生まれた文庫である。学術は少年の心を養い、成年の心を満たす。その学術がポケットにはいる形で、万人のものになることは、生涯教育をうたう現代の理想である。

こうした考え方は、学術を巨大な城のように見る世間の常識に反するかもしれない。また、一部の人たちからは、学術の権威をおとすものと非難されるかもしれない。しかし、それはいずれも学術の新しい在り方を解しないものといわざるをえない。

学術は、まず魔術への挑戦から始まった。やがて、いわゆる常識をつぎつぎに改めていった。学術の権威は、幾百年、幾千年にわたる、苦しい戦いの成果である。こうしてきずきあげられた城が、一見して近づきがたいものにうつるのは、そのためである。しかし、学術の権威を、その形の上だけで判断してはならない。その生成のあとをかえりみれば、その根は常に人々の生活の中にあった。学術が大きな力たりうるのはそのためであって、生活をはなれた学術は、どこにもない。

開かれた社会といわれる現代にとって、これはまったく自明である。生活と学術との間に、もし距離があるとすれば、何をおいてもこれを埋めねばならない。もしこの距離が形の上の迷信からきているとすれば、その迷信をうち破らねばならぬ。

学術文庫は、内外の迷信を打破し、学術のために新しい天地をひらく意図をもって生まれた。文庫という小さい形と、学術という壮大な城とが、完全に両立するためには、なおいくらかの時を必要とするであろう。しかし、学術をポケットにした社会が、人間の生活にとってより豊かな社会であることは、たしかである。そうした社会の実現のために、文庫の世界に新しいジャンルを加えることができれば幸いである。

一九七六年六月

野間省一